TRASTORNOS
DE LA
ATENCIÓN

Oscar Benassini

Médico psiquiatra, profesor del Departamento de Psicología Médica,
Psiquiatría y Salud Mental, Facultad de Medicina, Universidad
Nacional Autónoma de México.
Secretario de Asuntos Estatales de la Asociación Psiquiátrica
Mexicana. Miembro del Colegio Mexicano de
Neuropsicofarmacología.
Miembro director del Consejo Mexicano de Psiquiatría

TRASTORNOS DE LA ATENCIÓN :

ORIGEN, DIAGNÓSTICO, TRATAMIENTO Y ENFOQUE PSICOEDUCATIVO

OSCAR BENASSINI Félix

EDITORIAL TRILLAS

México, Argentina, España
Colombia, Puerto Rico, Venezuela

Catalogación en la fuente

Benassini Félix, Oscar
  Trastornos de la atención : origen, diagnóstico,
tratamiento y enfoque psicoeducativo. -- México :
Trillas, 2002.
  172 p. ; 23 cm.
  Bibliografía: p. 155-161
  Incluye índices
  ISBN 968-24-6539-7

  1. Niño, Estudio del. 2. Psicología pedagógica.
3. Atención. I. t.

D- 153.1532'B163t   LC- BF503'B4.8

Derechos reservados
© 2002, Editorial Trillas, S. A. de C. V.,
Av. Río Churubusco 385, Col. Pedro María Anaya,
C.P. 03340, México, D. F.
Tel. 56 88 42 33, FAX 56 04 13 64

División Comercial, Calz. de la Viga 1132, C.P. 09439
México, D. F., Tel. 56 33 09 95, FAX 56 33 08 70

Miembro de la Cámara Nacional de la
Industria Editorial. Reg. núm. 158

Primera edición, enero 2002*
 ISBN 968-24-6539-7

S
6168589

Impreso en México
Printed in Mexico

Esta obra se terminó de imprimir
el 4 de enero del 2002,
en los talleres de Rodefi Impresores, S. A. de C. V.
Se encuadernó en Impresos Terminados Gráficos.

BM2 100 RW

Prólogo

La comprensión del comportamiento humano ha sido producto de incontables esfuerzos a partir de muy diversas perspectivas, las cuales podrían agruparse en dos grandes tendencias: por una parte, la ética y la moral; por la otra, el conocimiento científico. Este señalamiento resulta de suma importancia porque al hablar de trastornos de la conducta, aun si se recurre al rigor de la ciencia resulta difícil evadir las implicaciones morales. Por ejemplo, el comportamiento criminal en sí mismo debe ser comprendido como una forma patológica de comportamiento, y lo mismo cabría decir de la responsabilidad moral de quienes, en condición de enfermedad mental, atropellan los derechos de los demás.

En este sentido, el mal comportamiento de un niño, por ejemplo, puede llegar a convertirse en un reto científico y profesional muy interesante, más allá de las consideraciones morales que, seguramente con pésimos resultados, podrían hacerse al respecto de este tipo de conducta.

Si bien es cierto que desde hace más de cincuenta años se han buscado los elementos necesarios para considerar a los problemas por deficiencia de atención e hiperactividad como una enfermedad, las clasificaciones modernas que agrupan a la patología mental, evaden ese término y prefieren el de *trastorno*. Por ende, como tal se tratará en este texto.

Antes de tomar en consideración las consecuencias sociales de un trastorno de esta naturaleza es indispensable demostrar la existencia de un síndrome deficitario, con límites claros y plenamente identificable, que pueda brindar una explicación de las dificultades de niños, adolescentes y adultos que deben vivir con esta discapacidad.

Esta es precisamente la pretensión de este libro, para cuya elaboración se han utillizado las aportaciones de la genética, bioquímica, morfología, anatomía, psicología del desarrollo y terapéutica.

El tema de este estudio es, pues, el problema más frecuentemente atendido por psiquiatras infantiles y una de las situaciones familiares, escolares y sociales más estrechamente relacionadas con el fracaso y la insatisfacción personal.

EL AUTOR

Índice de contenido

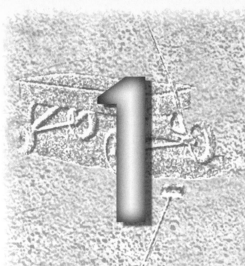

1.

Generalidades

TÉRMINOS QUE SE HAN UTILIZADO PARA NOMBRAR LOS TRASTORNOS DE LA ATENCIÓN

Los trastornos por déficit de atención son condiciones clínicas controvertidas, para cuya explicación se han propuesto hipótesis variadas en cuanto a su enfoque. Quizá por esta razón, a lo largo del tiempo se han empleado diferentes denominaciones para expresar formas distintas de concebir el problema; sin embargo, a fin de cuentas todas se han referido a la misma enfermedad. En primer término se señalan todas estas denominaciones, con las cuales el lector podría haberse topado en su preparación en este campo:

- Reacción hiperquinética de la infancia.
- Síndrome hiperquinético.
- Síndrome del niño hiperactivo.
- Lesión cerebral mínima.
- Daño cerebral mínimo.
- Disfunción cerebral mínima.
- Disfunción cerebral menor.
- Trastorno por déficit de atención.

Estos nombres constituyen un buen punto de partida para revisar las diferentes formas de comprender y atender los problemas de atención a lo largo del tiempo.

ASPECTOS HISTÓRICOS

Este grupo de desórdenes, inicialmente identificados de manera exclusiva para la infancia, es relativamente joven; la información de que se dispone a partir de las primeras descripciones se ubica al comienzo del siglo XX con la descripción que hizo el médico inglés G. F. Still de los síntomas que presentaban los niños que tenían alguna forma de daño cerebral comprobado; Still no proponía más que la descripción, y no formuló un síndrome específico.

En 1934 Jahn y Cohen emplearon por primera ocasión el término *síndrome orgánico cerebral* para referirse a los trastornos del comportamiento observables en niños con este tipo de lesiones. Por aquellos años existían dificultades para distinguir a los trastornos de atención de otras afecciones del desarrollo infantil, por ello, cuando se identificaron y resaltaron los síntomas típicos de esta condición, se asociaron con problemas de aprendizaje, trastornos específicos del desarrollo –como los problemas de coordinación motora fina o de lenguaje– e incluso con la epilepsia y otras enfermedades neurológicas. Tales asociaciones impedían abarcar y comprender el desorden de atención de manera específica.

En 1947 Strauss y Lehtinen proponen que este grupo de trastornos pueden deberse a daño cerebral. Leo Kanner (1952), en la primera edición de su texto de psiquiatría infantil en los años cincuenta, utiliza el término *lesión cerebral mínima*, y resalta por primera vez la tríada que desde entonces habrá de caracterizar a estos niños: hiperquinesia, impulsividad, y atención lábil con distracción. Además, cita a Strauss y a la clasificación que éste había propuesto para los trastornos neurológicos que pueden provocar síntomas psiquiátricos en la infancia, así como a su observación de que los menores a los que se suponía afectados por lesión cerebral mínima no encajaban en ninguno de estos trastornos. Kanner propone, entonces, que se trata de una condición peculiar.

En este punto es importante señalar que el abordaje conceptual de la época tenía una clara tendencia nosológica, es decir, identificaba, describía y daba nombre a enfermedades específicas, a diferencia de la tendencia sindromática de las clasificaciones modernas; de ahí el intento de asociar el problema con alguna enfermedad de las hasta entonces descritas. En su texto, Kanner agrega, además de la tríada original, otros síntomas en estos niños; por ejemplo, pobre coordinación de movimientos, labilidad emocional y deficiente concepto de sí mismos. El último de ellos, el problema de la autoestima, resulta sin duda una observación aguda que aún es válida en la actualidad, aunque este rasgo no es parte del concepto sindromático básico.

En la época de Strauss y Kanner se enfatizaba el concepto de daño; en este caso, se pensaba que los tejidos y órganos del sistema nervioso central que se encontraban previamente sanos, resultaban dañados por factores diversos que originaban enfermedades. Esta visión puede ser comprensible si se recuerda que para las primeras décadas del siglo XX las enfermedades infecciosas eran más difíciles de controlar; por ejemplo, el brote de encefalitis epidémica de los años 1917 y 1918, y la tendencia a atribuir muchos trastornos del desarrollo infantil, entre ellos la lesión cerebral mínima, a secuelas de este brote. La idea, muy difundida en aquel entonces, de que el daño cerebral era provocado por eventos como infecciones o traumatismos de cráneo tuvo una enorme penetración y como se verá más adelante, ha sido responsable de algunas confusiones.

Al final de la década de los cuarenta, y durante la de los cincuenta, después de la Segunda Guerra Mundial, cobran auge las propuestas del psicoanálisis; por su parte, la concepción de los trastornos de atención, al igual que la de muchos otros trastornos mentales, se psicologiza y se adjudica a eventos vitales tempranos, experienciales y no constitucionales. Esta visión provoca una reacción contra los planteamientos biologicistas en psicopatología y cuestiona seriamente los tratamientos farmacológicos. Los trastornos de atención, desde luego, no son la excepción.

Por estos años, en 1955, Ounsted acuña el término *síndrome hiperquinético*, que posteriormente es adoptado y defendido por

por Michael Rutter (1970). Vale la pena señalar que el término previo, *lesión* o *daño* tuvo siempre como principal inconveniente la imposibilidad para encontrar, mediante los recursos diagnósticos disponibles entonces, alguna evidencia de dicha lesión en la mayor parte de los casos; por esta razón, había evolucionado al concepto de *disfunción cerebral mínima*.

Para los años sesenta, y de manera progresiva, la neurobiología fue recuperando su fuerza como consecuencia de los avances tecnológicos, los dispositivos y las técnicas para estudiar el cerebro; por ello, los niños con atención deficitaria fueron examinados de nuevo bajo esta lente. Así, la segunda clasificación de trastornos mentales de la Asociación Psiquiátrica Americana (DSM II-APA, 1968), propuso dos modalidades del problema: *a)* la reacción hiperquinética de la infancia y adolescencia, sin evidencia clara de daño orgánico cerebral, y para la cual se emplea el término de reacción; *b)* el síndrome orgánico cerebral no psicótico, clínicamente muy similar a la entidad previa pero que se diferencia de ella por la suposición de que es causada por daño cerebral. La clasificación agregaba que ambos problemas eran similares en el sentido de que los pacientes mostraban inquietud y pasaban por periodos cortos de atención, y proponía que el rasgo distintivo de la segunda era la conducta oposicionista.

Este modo de entender los trastornos de la mente persistió hasta 1980, año en que apareció la tercera edición del manual de la APA. Las innovaciones que trajo este documento son: el énfasis en las dificultades de los niños para fijar su atención como rasgo distintivo del problema, seguido por la presencia de inquietud o hiperactividad; además de la introducción del concepto de trastorno mental, aplicable a éstos y a otros problemas mentales. Asimismo, esta edición del manual postula que al hablar de patología mental pueden proponerse constructos clínicos, con síntomas distintivos en cuya presencia se base el diagnóstico, sin aludir a las causas de estos problemas ni a su dimensión nosográfica. Como resultado de ello, la lesión cerebral mínima adquirió desde entonces la denominación de *trastorno por déficit de atención*, del que se reconocen dos variantes: *a)* aquellos niños que presentan otros síntomas además de hiperactividad, y *b)* aquellos en los que ésta no es un síntoma predominante.

Esta descripción no se transformó de manera importante en las siguientes ediciones del DSM, la III R y la IV, las cuales emplean la misma nomenclatura y los mismos conceptos para clasificarla. La propuesta sindromática de *trastorno mental* se fortaleció y la tendencia fue identificar y asociar numerosas posibles causas con la enfermedad, considerándolas factores de riesgo.

Por lo que se refiere a la Organización Mundial de la Salud, su novena clasificación internacional de enfermedades (CIE 9-1975) emplea las categorías: perturbación simple de la actividad y la atención, hipercinesia con retraso en el desarrollo, y trastorno hipercinético de la conducta, mientras que la décima clasificación internacional (CIE 10-1992) modifica escasamente el término a trastornos hipercinéticos y adoptó la propuesta sindromática de los últimos manuales de la APA.

CONCEPTO

Como ya se ha advertido, en diferentes momentos a lo largo de la historia del trastorno se han resaltado diversos componentes para determinar la manera en que se le va conceptualizando. El daño por lesión o la disfunción cerebral mínima dominan los primeros años; posteriormente se enfatizan los componentes clínicos, primero la inquietud o hiperactividad y después la incapacidad para atender y la distractibilidad. El manual DSM-IV de la APA se refiere a este problema definiéndolo como: "un patrón persistente de inatención y/o hiperactividad-impulsividad que es más frecuente y severo de lo típicamente observado en individuos con un nivel comparable de desarrollo".

Agrega que dicho patrón es de tipo inadaptativo en cuando menos dos ámbitos diferentes (por ejemplo: casa y escuela, escuela y trabajo, casa y trabajo), y que debe estar presente antes de los siete años de edad. Además, el trastorno debe interferir con el apropiado desarrollo y funcionamiento social, académico y ocupacional. El carácter sindromático que se da a este concepto evade cualquier supuesto etiológico.

Por su parte, la décima revisión de la *Clasificación internacional de enfermedades* define a los trastornos hipercinéticos como: "un grupo de trastornos caracterizados por un comienzo precoz, la combinación de un comportamiento hiperactivo y pobremente modulado con una marcada falta de atención y de continuidad en las tareas, que se presentan en las situaciones más variadas y a lo largo del tiempo".

La clasificación añade que evade el término déficit de atención en consideración a que podría ser aplicable a niños con preocupaciones ansiosas, apáticos y soñadores, y con problemas de diferente naturaleza; por otro lado, aclara que está de acuerdo en que el déficit de atención constituye un rasgo central de estos síndromes. Señala, además, su comienzo temprano, durante los primeros cinco años de vida.

Las clasificaciones referidas resultan las más empleadas; a partir de ellas podría extraerse el concepto sindromático, la inatención y la hiperactividad, así como las consecuencias de inadaptación para los niños afectados, en vista de que ambas resaltan el inicio temprano. Además es plausible incluir algunos componentes como consecuencia del comportamiento disruptivo de estos niños, entre los que destacan tres: los problemas académicos y el retraso en los procesos educativos, las dificultades de autoestima y autoconcepto y el riesgo de comportamiento antisocial. Es muy importante señalar, aunque se insistirá en ello a lo largo del texto, que en vista de sus consecuencias el síndrome primario rara vez se presenta solo y a pesar de que sus límites son claros, coexiste con una gran diversidad de otros síndromes clínicos. Para describir este fenómeno se emplea el término *comorbilidad*.

INFORMACIÓN EPIDEMIOLÓGICA

Esta modalidad de información sigue siendo escasamente comprendida. Sin embargo, en buena medida la trascendencia de cualquier problema de salud tiene mucho que ver con sus dimensiones; la epidemiología y sus principios metodológicos permiten estudiar la distribución de una enfermedad entre la población, así como realizar una estimación del número probable de personas afectadas. Además, ofrecen información acerca de las características evolutivas de los problemas de salud y de sus posibles factores causales.

Es comprensible que para contar con información epidemiológica sea necesario haber establecido previamente y con claridad los límites sindromáticos y nosológicos de un problema de salud; de otra manera es muy difícil hacer estimaciones de población probablemente afectada. En el caso de los problemas de salud mental en general, y por supuesto para los de inicio en la infancia y especialmente los trastornos por déficit de atención, la falta de claridad en las características y límites sindromáticos ha obstaculizado la obtención y el procesamiento de información, y ha generado datos discordantes. A ello debe agregarse que no se dispone de un parámetro paraclínico de tipo imagenológico, de laboratorio o de registro electrográfico que confirme el diagnóstico y conceda certeza absoluta a tales datos. Por esta razón se señalarán los que se consideran más consistentes en cuanto a la prevalencia de este problema.

Vale la pena aclarar, en primer término, el significado de esta palabra: prevalencia se refiere al número total de casos presentes, nuevos y antiguos, en lugar y tiempo determinados. Cuando se refiere a un número total de población se convierte en tasa. Con este concepto se trata de establecer cuántos casos de un determinado problema existen en un momento dado y por un cierto porcentaje de habitantes.

¿Qué aportan los datos relativos a la prevalencia de trastornos de atención? Los investigadores que han buscado el origen del trastorno han encontrado datos de su existencia en toda cultura y nación. Los primeros datos eran tan imprecisos como los conceptos en boga: lesión, disfunción o daño cerebral mínimo, que estaban asociados con otros trastornos del desarrollo como los de aprendizaje, lenguaje o coordinación motora y mostraban rangos muy amplios, que iban desde 2 hasta 20 % en la población escolar en Estados Unidos. En términos generales, estos rangos en cuanto a la frecuencia del problema persisten hasta en las descripciones más actuales.

En un principio los europeos fueron mucho más conservadores, e informaron de tasas muy bajas; por ejemplo, en 1970 Rutter estimaba un caso por cada mil niños.

En adición, la observación de una frecuencia claramente mayor para los niños que para las niñas es relativamente temprana;

también los rangos son amplios: de tres a cuatro niños por cada niña, sobre todo en muestras obtenidas de estudios epidemiológicos; y hasta de nueve a 10 niños por cada niña en muestras de estudios clínicos (Laufer y Shetty, 1979). Esta diferencia se ha atribuido a la tendencia de las niñas a hacer formas caracterizadas por inatención y problemas cognitivos, mientras que los niños hacen formas en las que predominan la inquietud, la impulsividad y la agresividad; además, dados los problemas de inadaptación que provocan, estos síntomas propician detección, referencia y diagnóstico tempranos (Cantwell, 1994; Baumgaertel, 1995; Wolraich, 1996).

Conforme se ha ido afinando el concepto, y a medida que se le caracterizó por inquietud, inatención e impulsividad, las cifras se han ido acercando a una prevalencia de alrededor de 5 % para la población escolar, siempre influidas por la permisividad o la intolerancia para el comportamiento infantil en las poblaciones estudiadas. Por ejemplo, Anderson (1987) señaló una cifra de 6.7 % para población escolar, con cinco casos de niños por cada caso de niñas.

Resulta mucho más difícil hacer estimaciones en población en edad preescolar, adolescentes o adultos, aunque para estos últimos los datos acerca de las llamadas formas residuales, que persisten para esta etapa, se ubican entre 10 y 15 %. Es notable el incremento de frecuencia entre estos datos y los iniciales, como los de Mann y Greenspan (1976), que reportaban una persistencia aproximada de 5 % en adultos. Existen cifras de prevalencia a lo largo de 12 meses para población adulta de 0.3 %, y por otro lado, existen autores y cifras que señalan una persistencia mucho mayor del síndrome o cuando menos de las dificultades de ajuste en diversos ámbitos, por parte de adultos que padecieron trastornos de atención cuando eran niños.

En el informe de un estudio realizado por Wolraich, en el estado de Tennessee (1996), para el cual se emplearon los criterios diagnósticos DSM-IV y se entrevistaron a maestros de escuela, las prevalencias fueron de 4.7 % para los casos con predominio de la atención, 3.4 % para los casos predominantemente hiperactivos y 4.4 % para las formas combinadas. En 1995 en Alemania, Baumgaertel, en un estudio realizado con una metodología similar a la del estudio de Wolraich obtuvo cifras de 9.0 % para casos con predominio de la inatención, 3.9 % para casos de hiperactividad y 4.8 % para formas combinadas. Salvo el primer grupo de casos, llama la atención la concordancia en la prevalencia para las otras dos formas. La prevalencia que señala el DSM-IV es de 3 a 5 % (cuadro 1.1).

Cuadro 1.1. Algunos datos epidemiológicos del trastorno por déficit de atención.

Autor	Datos
Rutter (1970)	¿Prevalencia de 1 × 1000 niños?
Anderson (1987)	Prevalencia de 6.7 × 100 niños
Wolraich (1996)	Prevalencia de 4.7 × 100 niños (formas con predominio de hiperactividad) Prevalencia de 3.4 × 100 niños (formas combinadas)
DSM-IV (1994)	Prevalencia de 3 a 5 %
Baumgaertel (1995)	Prevalencia de 9 × 100 niños (formas con predominio de inatención) Prevalencia de 4.8 × 100 niños (formas combinadas)

2

Origen

¿EXISTE ALGUNA CAUSA?

Los términos en que se discute acerca del origen de las enfermedades ha cambiado radicalmente en los últimos tiempos, especialmente en cuanto a esa modalidad de enfermedades conocidas como *trastornos del desarrollo en la infancia y adolescencia*. En párrafos anteriores se ha comentado acerca del concepto de *daño* y su influencia en la manera de entender los problemas de desarrollo. Intentando ser simplistas, la pregunta podría ser: ¿algo se dañó o más bien algo no se desarrolló como debía hacerlo? La información disponible apunta hacia el segundo enfoque.

Merecen comentarse además los intentos por establecer una relación directa y única entre un factor, la causa y un fenómeno, o sea, la enfermedad. Hoy día se propone que los daños a la salud tienen un origen multicausal y no único, de tal manera que a cada una de estas posibles causas se le da el nombre de factor. En este sentido, los problemas de salud serían el resultado de la coincidencia de un número suficiente de factores en un solo individuo. Por esta razón, a dichos factores se les conoce como de riesgo. Visto de esta manera, los trastornos por déficit de atención han sido relacionados con una gran variedad de hallazgos. Sin embargo, algunos no han resistido un análisis serio y han sido o serán eventualmente desechados. Otros han persistido y vale la pena analizarlos en este apartado, con el fin de aclarar un poco el origen del problema.

FACTORES CAUSALES

Los elementos que pueden utilizarse para construir una hipótesis patogénica de los desórdenes de atención pueden enumerarse de la siguiente forma:

- Genéticos o de herencia biológica.
- De estructura y organización cerebral.
- Neuroquímicos.
- Neurofisiológicos y bioeléctricos.
- Del desarrollo intrauterino.
- Socioculturales y de crianza.

ELEMENTOS GENÉTICOS O DE HERENCIA BIOLÓGICA

La advertencia de una mayor frecuencia de trastornos por déficit de atención en los familiares de los niños con estos síntomas tiene cuando menos treinta años de edad; a partir de ello se ha pretendido establecer que estos niños poseen características especiales en cuanto al desarrollo de su cerebro y su conducta.

En el campo de la patología mental son de sobra conocidas las estrategias encaminadas a documentar alguna relación entre la herencia biológica para el sistema nervioso (genotipo) y su expresión comportamental (fenotípica). Este tipo de estrategias abarcan estudios realizados a los familiares biológicos de los afectados, a los que son producto de embarazo gemelar y cuentan con gemelo monocigótico (con la ventaja de que comparten exactamente el mismo genoma) o dicigótico, pasando por estudios en hermanos y padres de los casos, estudios de padre biológico en portadores del trastorno que fueron adoptados, hasta los estudios de trasmisibilidad hereditaria y genética molecular.

Desde luego, se dispone de un buen número de estudios de todas estas variedades, los cuales claramente confirman la observación inicial: el riesgo puede ser heredado. Las cifras de concordancia en gemelos, hermanos y padres de niños afectados, los porcentajes de heredabilidad y los hallazgos moleculares varían

24

entre diferentes autores y grupos de investigación. Algunas de las más representativas son las siguientes.

Estudios realizados en gemelos monocigóticos

De acuerdo con Goodman y Stevenson (1989), existe 51 % de probabilidades de que un gemelo verdadero de un niño que padezca el trastorno lo presente también. En 1992 Gillis reportó una concordancia del diagnóstico entre gemelos monocigóticos de 55 a 92 %, encontrando de once a dieciocho veces más riesgo de padecer el trastorno al compararlos con controles, con un coeficiente de heredabilidad estimado en 64 % (Heffron, 1984). Al asociar el déficit de atención con dificultades de lectura la concordancia en el diagnóstico informada por Gillis se situó por arriba de 95 %. En una de las muestras más grandes, hasta ahora informadas, en 526 casos estudiados, Gjone, Sundet y Stevenson reportaron una heredabilidad aproximada de 80 %. Este mismo factor es de 79 % para Sherman (1979) y coincide de manera clara con la anterior. Por su parte, Saito (2000) informa un rango amplio de heredabilidad en monocigotos de entre 45 y 100 % (cuadro 2.1).

Cuadro 2.1. Concordancia del trastorno por déficit de atención en gemelos monocigóticos.

Autores	Concordancia (en %)
Goodman y Stevenson (1989)	51
Gillis (1992)	55 a 92
Heffron (1984)	64
Gjone, Sundet y Stevenson (1991)	80
Sherman (1979)	79

Estudios en gemelos dicigóticos, padres y hermanos

La información disponible apunta a una mayor frecuencia del síndrome en familias y en tanto más cercano sea el parentesco (Biederman, 1989). Esta aseveración se ha visto apoyada por los estudios de las familias biológicas de menores que padecen el trastorno y que han sido adoptados (Barkley, 1990; Cantwell, 1975).

De nueva cuenta, Goodman y Stevenson (1989) encuentran una concordancia de 33 % en el diagnóstico en su muestra de gemelos dicigóticos; en la muestra de Gjone, Sundet y Stevenson, de un total de 389 gemelos dicigóticos la frecuencia con la que coincide el diagnóstico, si bien es claramente menor que la del grupo de monocigóticos, es también más elevada que la de la muestra de probandos. La frecuencia promedio del trastorno por déficit de atención en familiares de probandos oscila entre 17 y 42 %, contra 0 a 8 % de frecuencia en las familias de los controles sanos (Welner, 1997; Manshadi, 1983).

En contraposición, Saito (2000) estima esta probabilidad en 20 % en promedio. Como es de esperarse, dada la diferencia de prevalencia por géneros, para los padres de los probandos la frecuencia en el mismo diagnóstico se halla entre 15 y 45 % y resulta mayor que para las madres, en quienes es de 4 a 38 % (Schachar y Wachsmith, 1990; Cantwell, 1972; Frick, 1991). Biederman estima que la frecuencia del trastorno es cinco veces mayor entre familiares de probandos que entre familiares de controles sanos (1992).

Resulta interesante que a pesar de que el problema es mucho más común en niños que en niñas, los familiares de éstas tienen frecuencias en el diagnóstico muy similares a las de aquéllos. En estudios de adopción, las tasas de déficit de atención son mayores en los padres biológicos al compararlos con los padres adoptivos. En un trabajo de revisión de la información disponible, Thapar (1999) concluye que el trastorno es un problema familiar, con una importante influencia genética.

Cuadro 2.2. Concordancia del trastorno por déficit de atención en gemelos dicigóticos, padres y hermanos de probandos.

Autores	Concordancia
Goodman, Stevenson (1989)	Concordancia de 33 % en gemelos dicigóticos
Welner (1997), Manshadi (1983)	Frecuencia de 17 a 42 % en familliares (Estados Unidos) Frecuencia de 0 a 8 % en familiares de personas sanas
Schachar y Wachsmith (1990)	Concordancia del diagnóstico en padres 15 a 45 % y en madres 4 a 38 %

Genética molecular

La identificación de genes defectuosos en portadores del trastorno se ha orientado a aquellos relacionados con la dopamina cerebral y su actividad. Estos genes son muy activos en la corteza prefrontal y en los ganglios basales; la dopamina es un importante modulador de la actividad de la corteza prefrontal, de tal manera que se han propuesto variantes anormales de genes que codifican para receptores a esta sustancia y de genes que codifican para la proteína transportadora. Las mutaciones podrían obstaculizar el transporte eficaz del neurotrasmisor desde las neuronas que lo secretan, o bien, reducir la sensibilidad de sus receptores postsinápticos. Más adelante se ampliará la información relativa a la importancia del lóbulo frontal en la planeación, orientación y motivación del comportamiento, particularmente en su relación con la atención, así como en la actividad motora.

En un estudio que hasta ahora no ha sido posible replicar, Commings (1991) asoció el trastorno con el gene del receptor D2 a dopamina, localizado en el cromosoma 11q. En la Universidad de Chicago, Edwin Cook (1995) reportó una variante especial del gene DAT1, el alelo 480-bp, cuyo *locus* se encuentra en el cromosoma 5P y se codifica para una proteína transportadora; además, es consistentemente más frecuente en menores con déficit de atención. Este gen se ha identificado también en portadores de otros trastornos, como el Tourette o el trastorno disocial, y es posible que sea un factor de riesgo para diversas patologías.

En la Universidad de California, en 1996, LaHoste encontró una variante del gen que codifica para el receptor D4 (DRD4) a dopamina, localizado en el cromosoma 11p, en 39 casos de portadores del trastorno comparados con 39 controles apareados; en este ejemplo la frecuencia de presentación de la variante fue de 49 contra 21% entre los grupos. Sin embargo, de acuerdo con estimaciones de Faraone, el poder predictivo de este alelo DRD4 es de apenas 11%. Estudios metanalíticos de muestras de portadores del gen sugieren que éste podría ser tan solo uno de muchos genes relacionados con la susceptibilidad. A pesar de lo interesante de los hallazgos, cabe señalar que estos estudios han sido criticados por lo reducido del tamaño de sus muestras.

Existen otros estudios que han tratado de atribuir el trastorno a la trasmisión de un solo gen, de tipo autosómico y carácter dominante, con penetración incompleta (Deutsch, 1990; Faraone, 1992) sin que haya sido posible identificar tal gen de manera consistente. Este tipo de información es poco consistente, y son más quienes opinan que se trata de un desorden poligénico más que de un solo gen.

Es muy posible que la interacción de varios genes de baja penetrancia pudieran explicar el fenómeno de la trasmisibilidad genética. Hauser y cols. (1993) identificaron a un grupo de portadores con trastorno por déficit de atención asociado con una mutación en el gen que codifica para el receptor beta de la hormona tiroidea. El hallazgo, desde luego, no puede generalizarse. En ésta, como en otras formas de patología mental, deben existir muchos genes en interacción para explicar la susceptibilidad heredada.

Adopción

De acuerdo con algunos investigadores, los trastornos de atención resultan cinco veces más frecuentes en poblaciones de menores adoptados en comparación con las de menores que crecen con sus padres biológicos. Hasta ahora no puede establecerse con precisión la causa de este hecho, y se ha especulado que quizá los hijos adoptivos se desarrollaron en el útero en condiciones nutricionales y de cuidado médico adversas para sus madres. Más adelante se ampliará la información sobre este planteamiento.

ELEMENTOS DE ESTRUCTURA Y ORGANIZACIÓN CEREBRAL

¿Entre qué tipo de factores se puede buscar?

Se ha insistido ya en el hecho de que las primeras concepciones de este grupo de problemas se referían a alguna forma de lesión, para la cual se empleó esta palabra o la palabra daño, con lo que se inició la búsqueda de algún sustrato de lesión cerebral en los menores afectados. En un principio dicha búsqueda no ofreció resultados, en vista de que los recursos tecnológicos con los que se emprendió no eran suficientemente sensibles. Por ejemplo, sólo se disponía de las radiografías simples de cráneo o contrastadas con aire o algún medio para evidenciar las estructuras y la circulación cerebral, electroencefalogramas y quizá algunos instrumentos neuropsicológicos como el test de Bender. La sofisticación tecnológica de los últimos quince años ha ofrecido imágenes cerebrales mucho más precisas, detalladas y confiables; destacan, sin duda, la tomografía por emisión de positrones (PET), la tomografía simple por emisión de fotones (SPECT) y las imágenes obtenidas por resonancia magnética nuclear (RMN).

¿Dónde buscar?

Al disponer de nuevos métodos no invasivos para el estudio del cerebro, los investigadores se dieron a la tarea de abordarlo en diversos campos de la patología mental, entre los cuales, los trastornos de atención no fueron la excepción. Algunos señalamientos previos de estructuras cerebrales implicadas en estos trastornos dieron la pauta acerca de qué imágenes y en qué áreas del sistema

29

nervioso valía la pena obtener. Entre un buen número de señalamientos de este tipo destacan los siguientes:

1. Los trabajos de Laufer y Shetty (1957, 1971), que implicaron a las porciones rostrales del sistema reticular activador como una zona posiblemente disfuncional, basando la propuesta en el papel de la formación reticular en el mantenimiento del estado de conciencia, la alerta y la atención.

2. El modelo de Norton (1976) de ablación del globo pálido en el cuerpo estriado de las ratas, que producía en estos animales conductas similares a los síntomas del trastorno.

3. Primero P. Wender (1971) y después Shaywitz (1976) lesionaron las vías neuronales de tipo dopaminérgico (que emplean a la dopamina, una catecolamina, como neurotrasmisor), las cuales parten de la zona central del cerebro y estimulan a la corteza del lóbulo frontal; a estas vías se les denominó *haz medial del telencéfalo* en las ratas, y produjeron impulsividad en estos animales.

4. Estos trabajos, aunados a los realizados mediante lesiones prefrontales y del estriado en los monos que provocaban comportamiento hiperactivo, destacaron el papel del lóbulo frontal y los núcleos de la base en la programación del comportamiento y su posible afección en quienes están afectados por trastornos de atención.

Los hallazgos

Con estos precedentes, ¿qué indican las imágenes cerebrales obtenidas hasta ahora en portadores del trastorno?

Algunos estudios con SPECT han revelado hipofunción localizada en el cuerpo estriado, con hiperfunción en las áreas sensitivas y sensoriomotoras de la corteza cerebral. Sieg (1995) reportó una disminución de la actividad de los lóbulos frontal y parietal izquierdos a la exploración con SPECT. Los trabajos de Amen y Carmichael (1997) concluyeron en que, en un grupo de 54 menores con trastornos de atención, tanto en reposo como al realizar ejercicios de concentración, se produjo decremento en la perfusión de la corteza prefrontal. Zametkin llevó a cabo estudios (mediante PET) en adultos con trastorno por déficit de atención que tuvieron hijos con este mismo problema. Comparados con adultos normales, estos sujetos muestran disminución en el consumo metabólico de glucosa en la corteza premotora y en la parte superior de la corteza prefrontal. Como se sabe, estas áreas participan en el control de la actividad motora y la atención. Este mismo estudio ha sido reproducido en adolescentes mujeres que tienen el problema, con resultados similares al compararlas con grupos control (Zametkin, 1993; Cantwell, 1994).

En el NIMH en Bethesda, Maryland, en 1996, Xavier Castellanos y Judith Rapoport encontraron, mediante imágenes de RMN, que la corteza prefrontal derecha, dos núcleos del cuerpo estriado (el caudado y el pálido del mismo lado del cerebro), así como el vermis del cerebelo, tienen dimensiones significativamente menores en los niños que presentan el desorden. Los hallazgos de estos autores incluyen, además, una disminución del volumen total del cerebelo en menores afectados en comparación con controles, aunque esta diferencia no es muy significativa.

En 1998 Berquin corroboró la disminución de volumen del vermis. Por lo que se refiere al volumen total de los hemisferios cerebrales, Castellanos (1996) y Berquin (1998) señalaron una disminución en dicho volumen en estudios comparativos entre portadores y sanos, con reversión de la asimetría normal esperada, especialmente en la zona de la corteza frontal anterior en el hemisferio derecho.

Algunos informes relativos al cuerpo estriado (Hynd, 1993; Aylward, 1996; Mataro, 1997; Filipek, 1997) reiteran la presencia de dimensiones menores en el núcleo caudado que revierten la asimetría normal esperada para cada integrante de las muestras, con una tendencia más o menos clara a que este tamaño se presente en el lado izquierdo, a diferencia de lo que argumentan Castellanos y Berquin en sus informes. Con información previa, Castellanos y Rapoport han destacado el papel de estas estructuras en la programación y organización del comportamiento, como áreas de planeación, mando o control (corteza prefrontal) y de ejecución (cuerpo estriado), enfatizando la función inhibitoria del estriado.

De acuerdo con estas evidencias, los cerebros de los menores afectados pierden la asimetría dimensional normal a favor del hemisferio derecho, que se encuentra reducido en su volumen en un 5.2 % en promedio, con un tamaño similar al izquierdo. En 1997 Schweitze, utilizando estudios con PET, demostró la presencia de alteraciones en el flujo sanguíneo cerebral en la corteza prefrontal de adultos con el trastorno, mientras realizaban operaciones aritméticas en forma verbal, con un incremento del flujo en la corteza occipital, al ser comparados con controles normales. Ernst (PET, 1994) encontró disminución del consumo cerebral global de glucosa en una proporción de 15 % en niñas afectadas por trastorno de atención al compararlas con controles sanas; sin embargo, tres años más adelante no pudo replicar estos datos (1997).

Por su parte, Vaidya, en la Universidad de Stanford (1998) encontró diferencias en las imágenes cerebrales del cuerpo estriado de niños de entre ocho y 13 años de edad cuando realizaban operaciones apretando botones ante estímulos en la pantalla de una computadora; sus respuestas eran impulsivas y el consumo de oxígeno en el área señalada era menor al compararlos con controles normales.

En un trabajo de revisión reciente Hendren, Backer y Pandina (2000) concluyeron que las anomalías en neuroimagen en niños con trastorno por déficit de atención incluyen, sobre todo, a los ganglios basales; dicha anomalía se relaciona con la impulsividad, y el lóbulo frontal, con las dificultades de aprendizaje.

ELEMENTOS NEUROQUÍMICOS

En 1937 Bradley administró por primera ocasión una sustancia psicoestimulante a niños con trastornos de atención a los que se había practicado estudios neuroencefalográficos, con la finalidad de aliviarles la cefalea consecutiva; a partir de entonces se advirtió que éstas y otras modalidades de sustancias tienen algún efecto sobre la discapacidad de estos niños, tal es el caso, por ejemplo, de los antidepresivos tricíclicos.

El hallazgo de Bradley es de suma importancia porque conlleva un razonamiento claro: si existen fármacos que modifican el cuadro clínico en los trastornos de atención, éstos deben tener algún sustrato químico cerebral. Si esto es cierto, puede pensarse además que si las sustancias que modifican los síntomas son sobre todo tipificables como agonistas de monoaminas, como es el caso de estimulantes y tricíclicos, el mencionado sustrato estaría relacionado con este grupo de sustancias cerebrales.

A pesar de que el planteamiento previo y las líneas de investigación a que ha dado lugar tienen cuarenta años de antigüedad, en esta área aún no existen propuestas terminadas de mecanismos neuroquímicos; se trata más bien de hallazgos y de hipótesis surgidas a partir de ellos. Existen múltiples informes de investigación en muestras de portadores de trastornos de atención, en quienes se miden diversos catabolitos de monoaminas, intentando sustentar la hipótesis inicial de que existe una disminución del recambio (*tumover*) aminérgico en los cerebros de los afectados. Los resultados son contradictorios, pero seguramente más afortunados para las catecolaminas, esto es, para la noradrenalina y la dopamina, que para la indolamina, más activa en el sistema nervioso y mejor estudiada, la serotonina.

En apoyo a la hipótesis de las catecolaminas se han comentado ya las ideas de autores como Paul Wender (1971) relativas a los mecanismos cerebrales de recompensa y castigo, por medio de vías neuronales que parten de la porción alta del tallo cerebral y alcanzan la corteza cerebral, sobre todo el lóbulo frontal (haz medial del telencéfalo), y que podrán estar afectados en los trastornos de atención; Shaywitz (1976) postuló que estas vías se encontraban lesionadas en animales de experimentación, los cuales reproducían algunos de los síntomas típicos. Dichas vías emplean una catecolamina, la dopamina, para estimular la corteza frontal.

Algunos fármacos que estimulan las vías catecolaminérgicas cerebrales son, principalmente, los estimulantes como la dextroanfetamina, el metilfenidato y la pemolina; se han empleado durante muchos años en el tratamiento del síndrome y se ha documentado que mejoran los síntomas de manera rápida. Algunos investigadores, incluso, consiguieron relacionar la mejoría clínica inducida por los estimulantes con cambios en los niveles de metabolitos de catecolaminas como el MHPG (3-metoxi-4-hidroxigenilglicol) y la ausencia de mejoría con ausencia de cambios en los niveles de esta sustancia (Shekim, 1919; Brown, 1981; Yu-cun y Yufeng, 1984).

Para algunos expertos como Zametkin y Rapoport (1987), el hecho de que agonistas de la dopamina cerebral como la L-dopa, empleada en la enfermedad de Parkinson y antagonistas como el haloperidol, no modifiquen los síntomas en uno u otro sentido, contraviene esta teoría. Para otros, no es posible afirmar que las anomalías neuroquímicas cerebrales produzcan trastornos de atención y opinan que podría ocurrir en sentido inverso, es decir, la experiencia conductual maladaptativa en portadores podría modificar las condiciones de estas sustancias cerebrales (Rose, 1972; McKinney, 1977).

Los avances recientes en la investigación, gracias a las imágenes cerebrales, han permitido relacionar a las monoaminas cerebrales con los trastornos de atención, al establecer que ciertas áreas como la corteza cerebral prefrontal, reciben una importante estimulación dopaminérgica desde el mesencéfalo, y el globo pálido del cuerpo estriado. Para esta última estructura se han documentado concentraciones y actividad muy considerables de dopamina. De alguna forma estos hallazgos han venido a apoyar los señalamientos hechos con respecto a las catecolaminas. De nuevo es posible insistir en el papel que desempeña la corteza prefrontal en las operaciones de planeación del comportamiento, y en el cuerpo estriado, su implicación en los mecanismos de inhibición comportamental.

Por lo que hace a la formación reticular del tallo cerebral y a su función activadora o inhibidora de estructuras superiores, sobre todo la corteza cerebral, se ha propuesto que existe una disfunción de este sistema que puede ayudar a explicar el déficit de atención, ya sea por sobrestimulación por parte del subsistema activador, o bien por subestimulación por parte del subsistema inhibidor. Investigadores de la Universidad de Harvard han propuesto que los trastornos de atención pueden deberse a una deficiencia en la actividad de la norepinefrina del sistema reticular activador ascendente, la cual explicaría la mejoría que producen los estimulantes al incrementar la actividad de este neurotrasmisor. Esta actividad deficiente podría deberse a una baja densidad de fibras neuronales en esta zona y a baja densidad en los contactos sinápticos entre ellas.

Finalmente, los hallazgos en genética molecular referentes a mutaciones en el gene que codifica para el receptor DRD4 a dopamina y el gen DAT1 que codifica para la proteína transportadora de dopamina, son un importante argumento a favor de la disfunción de catecolaminas.

Cantwell (1996) ha señalado la interacción que existe entre catecolaminas cerebrales y serotonina y ha insistido en que una hipótesis que involucre a una sola sustancia neurotrasmisora en el origen del problema parecería demasiado simplista; resulta difícil no estar de acuerdo con este comentario.

ELEMENTOS NEUROFISIOLÓGICOS Y BIOELÉTRICOS

En este punto es necesario partir del concepto de *daño cerebral* con el que inicialmente se calificaba a los menores afectados por trastornos de atención. Se trataba de niños con secuelas de encefalitis letárgica posepidémica, o bien de niños con secuelas de trauma obstétrico o traumatismos cerebrales severos, conocidos e identificados. Al detectarse cada vez con mayor frecuencia el síndrome de inquietud y atención deficitaria en niños que no tenían este tipo de antecedentes, se propuso que el cuadro podía tener un origen en el daño neurológico, o bien de otro tipo, psicosocial posiblemente, si no había antecedentes.

De cualquier forma, y en vista de que los menores afectados en ocasiones presentaban signología neurológica, antecedentes de encefalitis o traumatismo o alguna otra enfermedad neurológica, se empezaron a hacer registros encefalográficos con el objetivo de correlacionar síntomas y trazos bioeléctricos.

Un primer informe de Jasper realizado en 1938 refirió anormalidades electroencefalográficas en más de la mitad de los niños con trastornos del comportamiento. En 1954 Ellingson concluyó que de 50 a 60 % de los niños con el síndrome de hiperactividad e inatención mostraban anormalidades encefalográficas contra 10 a 15 % de anormalidades en los trazos de niños sin ningún síntoma.

El trazo electroencefalográfico se convirtió desde aquellos años en un estudio de rutina en menores con problemas de comportamiento y se propuso que en los niños con un trazo normal podía suponerse un origen no orgánico (psicológico o social) del síndrome, mientras que los que tenían trazos anormales eran portadores de patología neurológica, llamada coloquialmente *daño orgánico cerebral*, que explicaba sus síntomas. Resulta impresionante la manera en que este supuesto se difundió y se convirtió en parte del lenguaje habitual y de la práctica clínica de los profesionales de la salud mental infantil, de tal forma que aún en la actualidad resulta difícil erradicarlo.

Más tarde, algunos autores como Masterson (1958), que proponía un mejor pronóstico para niños afectados, cuyos electroencefalogramas eran normales, fueron rebatidos por otros como Pond (1961) que negaban todo valor pronóstico a estos estudios. En 1968 Stevens realizó un estudio de trazos EEG en 97 niños con problemas de conducta, comparándolos con controles sanos y reporta que 47 % de los niños con síntomas tenían anormalidades en los trazos, sobre todo "puntas" o "espigas", "ondas agudas" y actividad lenta excesiva, mientras que apenas 9 % de los controles mostraban esas alteraciones. Por esos años se documentó también el exceso de actividad lenta, sobre todo del tipo de la llamada banda theta (cuatro a siete ciclos por segundo) en estos niños. Más adelante este incremento de la actividad theta se situó durante el registro de actividad eléctrica en derivaciones de electrodos frontales y centrales. De cualquier forma, desde el principio hubo consenso en relación con que no existía un trazo característico en los trastornos de atención, y que las anormalidades eran inespecíficas.

Con la aparición de las nuevas técnicas electroencefalográficas y el llamado *mapeo cerebral* (técnicas de análisis espectral computarizado), que permiten representaciones topográficas de la actividad eléctrica cerebral mediante análisis estadístico computarizado, se confirmaron los hallazgos de actividad theta excesiva y se estableció que había disminución de la respuesta de atenuación del ritmo alfa (ocho a 12 ciclos por segundo) y aparición de actividad de banda beta (13 a 22 ciclos por segundo), sobre todo en regiones frontales, en registros de niños con trastorno por déficit de atención cuando realizan operaciones cognitivas. Además, la respuesta clásica de desincronización del ritmo alfa, descrita por Berger desde los años veinte, muestra una afección que parece reflejar una condición de subestimulación de la corteza, especialmente de las áreas prefrontales, por parte de centros subcorticales en condiciones que requieren concentración. Como ya se ha visto, en esta modalidad de afección se ha involucrado a la norepinefrina (Mann, Lubar y Zimmerman, 1992).

Además de esta disminución de la respuesta de atenuación, se ha registrado un incremento de actividad lenta theta frontal y central (corteza sensoriomotora) cuando estos menores se concentran en reproducir los dibujos del test de Bender (Mann, 1992) o realizan operaciones como leer en silencio, escuchar o resolver operaciones aritméticas (Janzen, 1995).

A reserva de ampliar la información en la sección de tratamiento, es conveniente agregar que a partir de los hallazgos con registros electroencefalográficos se han desarrollado técnicas de tratamiento que, mediante ejercicios de concentración buscan entrenar a portadores del trastorno de atención, para que produzcan un patrón de ondas eléctricas cerebrales en el que se incremente la actividad beta y se disminuya la actividad theta en la corteza sensoriomotora (zonas frontoparietales).

ELEMENTOS DEL DESARROLLO INTRAUTERINO

El desarrollo cerebral *in utero* requiere de la migración y el correcto acomodo de neuronas jóvenes, desde el tubo neural hasta la estructura en la que quedarán ubicadas de manera definitiva. Una vez ahí, estas neuronas establecerán conexiones sinápticas con otras a lo largo de toda su existencia, pero de manera especialmente abundante durante los primeros años de vida. El proceso migratorio neuronal puede verse afectado por múltiples factores, entre los que se han mencionado:

- Problemas nutricionales maternos.
- Falta de cuidados prenatales adecuados.
- Infecciones en la madre, especialmente virales.
- Estrés.
- Prematurez.
- Bajo peso al nacimiento.

- Exposición al humo del tabaco.
- Crisis convulsivas en la madre.
- Consumo de alcohol durante el embarazo.
- Bradicardia fetal durante la segunda mitad de la gestación.
- Placenta de bajo peso.
- Plomo y otras sustancias tóxicas.
- Partos distócicos.

Se han realizado múltiples estudios que intentan vincular estos factores con diversos trastornos del desarrollo infantil, especialmente los problemas de aprendizaje, y ninguno de ellos ha conseguido asociarse de manera consistente con los trastornos por déficit de atención. Sin embargo, existen hallazgos, aunque no son suficientemente claros, acerca de la asociación entre consumo de cocaína (*crack*) en la madre y una mayor frecuencia de estos problemas.

Aún cuando la reproducción neuronal, su migración y su ubicación definitiva en el cerebro concluyen alrededor de la semana 33 de gestación, a partir de entonces estas neuronas comienzan a establecer conexiones sinápticas y este proceso permitirá que el desarrollo cerebral continúe. En una primera etapa, que alcanzará su clímax alrededor de los dos años de edad y se prolongará probablemente hasta los 10, el establecimiento de conexiones es sumamente activo, de tal manera que más adelante deberán eliminarse mediante "podado" las que no hayan sido utilizadas.

El desarrollo de conexiones parece estar muy relacionado con la estimulación, y este supuesto ha hecho pensar que existen factores que pueden afectar el desarrollo del cerebro durante la infancia, tales como infecciones, exposición a tóxicos, o traumatismos de cráneo; dichos factores condicionan diversos síndromes clínicos, entre los que se ha mencionado a los trastornos de atención. A pesar de la difusión que alcanzó en alguna época el concepto de daño cerebral, tampoco puede decirse que existan evidencias científicas sólidas que demuestren este supuesto.

Elementos socioculturales y de crianza

La psiquiatría y, en último término, la psicología, han visto sujetos sus planteamientos para explicar el funcionamiento mental, la conducta y las enfermedades, a las corrientes científicas de moda en diferentes épocas. La influencia del psicoanálisis, el análisis experimental de la conducta y otras disciplinas que proponían un origen en la interacción social y el aprendizaje para los trastornos mentales, es innegable y muchos planteamientos causalistas para estos problemas han seguido esta línea de pensamiento. A pesar de que el trastorno por déficit de atención no ha sido la excepción, puede afirmarse que desde los primeros años las propuestas para explicarlo fueron primordialmente de orden biológico, y a pesar de que se han hecho algunos señalamientos de tipo psicosocial, éstos no han sido categóricos, absolutos o excluyentes y más bien han pretendido complementar de manera colateral los modelos causalistas.

De esta manera, es posible encontrar estilos de crianza, ambientes familiares y normas de comportamiento que hacen más grave la expresión de esta modalidad de discapacidad psicológica, o bien que contribuyen a atenuarla sin que por ello consigan explicar su origen. Por otro lado, pueden existir complicaciones en el desarrollo psicológico y emocional en los menores afectados, producto de sus limitaciones cognitivas y comportamentales, que de ningún modo conduzcan a reflexiones etiológicas.

Los eventos conflictivos y las eventuales crisis de la vida familiar, así como las exigencias de un ambiente familiar o escolar excesivamente rígido y demandante pueden agravar los síntomas y las dificultades de adaptación, e incluso modificar por lapsos la respuesta a las terapias orgánicas; por estas razones han merecido el calificativo de *estresantes*. Por otra parte, los menores, ya sean niños o adolescentes que sufren de atención deficitaria, inquietud e impulsividad, deben enfrentar de manera constante el fracaso académico y el rechazo de padres y otros parientes, maestros y orientadores escolares, así como de los compañeros de su edad, lo que conlleva serias repercusiones para su autoestima, su concepto de sí mismos y la seguridad con la que se desempeñan, complicando el cuadro. Estos factores siempre deben ser tomados en cuenta, independientemente de las causas a las que hasta este momento pueda atribuirse el problema.

UN MODELO EXPLICATIVO INTEGRAL

Dos conceptos resultan fundamentales para proponer un modelo explicativo verdaderamente integral para los trastornos de atención: el concepto sindromático y el de factores asociados.

En efecto, se trata de un síndrome clínico, caracterizado por discapacidad psicológica, cuyas manifestaciones son: falta de atención, inquietud e impulsividad. Como tal podría tener un origen diverso y éste podría variar de unos a otros portadores. Además, no existe uno sino varios factores con los cuales se ha asociado mediante evidencias de incuestionable valor científico.

Las propuestas relativas a estos factores y el valor que se les concede han cambiado de manera notable. Ya se ha señalado reiteradamente la importancia que se concedió en un principio a los agentes potencialmente lesivos del sistema nervioso, tales como las infecciones, los traumatismos, las sustancias tóxicas o el mal manejo obstétrico, considerando al *daño orgánico cerebral* como su resultado y la explicación del trastorno. Paulatinamente se ha ido concediendo importancia a las otras líneas de evidencia, las cuales permiten proponer un problema de desarrollo o de maduración del cerebro. Un modelo explicativo debe, por tanto, considerar cada una de estas líneas de evidencia, evitando conceder más peso a una sobre las demás.

Es posible afirmar entonces que los trastornos por déficit de atención muestran una tendencia clara aunque no absoluta a ser heredados, que existen imágenes cerebrales estáticas y dinámicas que los caracterizan y permiten proponer sustratos estructurales, que podrían existir mecanismos neuroquímicos y electrofisiológicos anómalos en el cerebro de quienes están afectados y que la discapacidad producida por estos factores entorpece el desarrollo y dificulta la adaptación.

En este modelo caben los problemas detectados en estructuras como el lóbulo frontal, con la consecuente incapacidad para plantear el comportamiento y dirigir la atención al cumplimiento de metas, mediante la concentración orientada y motivada al procesamiento de información y la solución de problemas. Asimismo, el control frontal deficitario por parte de estructuras subcorticales centroencefálicas que forman parte del sistema reticular activador e inhibidor, con las evidencias neuroquímicas de disfunción de catecolaminas y las anomalías de actividad bioeléctrica cortical consecutivas, puede ser también pieza de este rompecabezas (Castellanos y Rapoport, 1996; Barkley, 1998).

Russell Barkley (1998) ha destacado el papel que desempeña la maduración de las funciones cognitivas en la internalización de la actividad mental. En etapas tempranas de la vida el comportamiento adaptativo de los niños muestra un patrón de extroversión; los infantes interactúan de manera constante con el entorno y requieren de reforzamiento constante; aún son incapaces de hablarse a sí mismos mediante el pensamiento (discurso interno) y se muestran inquietos, distraídos e impulsivos de manera normal.

Posteriormente, los procesos de maduración cerebral permiten que funciones ejecutivas como la capacidad de retener información mediante la memoria de fijación, la internalización del discurso (la capacidad de hablarse a sí mismos mediante pensamientos), el control de las emociones para mantener el estado de alerta y la motivación, y finalmente la combinación de estas tres en la planeación y realización de metas y actividades, tomen el control del comportamiento y la actividad mental en los niños, "privatizándolos". Vista de esta manera, la discapacidad psicológica de los menores para concentrarse y controlar su inquietud e impulsividad sería consecuencia de la imposibilidad para guiarse por instrucciones internas, con el consecuente despliegue público de discurso y comportamiento.

Barkley ha enfatizado el déficit cognitivo de estos niños, introduciendo el concepto de *función ejecutiva* del cerebro, a la que define como la habilidad para mantener una condición mental apropiada para la solución de problemas y el logro de metas a futuro. Además, ha señalado a la inhibición comportamental, o sea, a la capacidad para retardar las respuestas y decisiones, como otra función cerebral comprometida en quienes sufren de trastornos de atención. En síntesis, las fallas en la inhibición comportamental impiden la maduración de cuatro importantes funciones ejecutivas en el menor:

- Advertencia de sí mismo (actividad de la memoria no verbal).
- Internalización del discurso (actividad de la memoria verbal).
- Autorregulación de afecto-motivación-alerta.
- Control del comportamiento analítico y sintético autodirigido.

Como éste, existen otros modelos que comparten similitudes y cuya principal virtud es la combinación de hallazgos para explicar el trastorno.

3

Manifestaciones

ASPECTOS GENERALES

Como se ha mencionado, las descripciones de estos problemas coinciden en lo general a lo largo de los años en relación con sus componentes clínicos o manifestaciones. Cabe aquí hacer una aclaración importante: a pesar de la consistencia observada en la identificación del cuadro, los portadores del trastorno por déficit de atención pueden exhibir múltiples manifestaciones, y son estas manifestaciones asociadas las que hacen diferir a los expertos en su forma de plantearlo. Este fenómeno puede explicarse si se toman en consideración las variadas formas de comorbilidad que habitualmente acompañan al síndrome, es decir, muchos otros trastornos mentales coexisten frecuentemente con él y suelen confundir a quien intenta identificarlo. Por ello deben distinguirse dos tipos de manifestaciones: la tríada que integra el trastorno y los síntomas producidos por los trastornos asociados.

LA TRÍADA

Esta forma de discapacidad psicológica ha sido identificada en forma constante por tres manifestaciones esenciales: la inatención, desatención o distractibilidad; la inquietud, hiperactividad o hipercinesia y la impulsividad. Sin embargo, diversos autores y clasificaciones de diferentes épocas han destacado al primero o al segundo de estos problemas como elemento distintivo.

LA INATENCIÓN

La atención puede definirse como la capacidad de concentrar, dirigir o limitar la actividad psíquica en una tarea determinada. Los expertos en el mecanismo neurobiológico del desorden han insistido en que la discapacidad para atender es consecuencia de disfunción frontal y disminución de la estimulación centroencefálica a la corteza cerebral. Existen diversas caracterizaciones de la inatención, las cuales pueden realizarse mediante entrevistas, reactivos o pruebas específicas. El manual DSM-IV (APA, 1994) describe este fenómeno empleando la siguiente lista de síntomas, los cuales deben identificarse en un posible portador:

a) A menudo no presta atención suficiente a los detalles o incurre en errores por descuido en las tareas escolares, en el trabajo o en otras actividades.
b) Suele tener dificultades para mantener la atención en tareas o en actividades lúdicas.
c) Por lo general parece no escuchar cuando se le habla directamente.
d) Con frecuencia no sigue instrucciones ni finaliza tareas escolares, encargos u obligaciones en el centro de trabajo (este síntoma no debe ser originado por comportamiento negativista o incapacidad para comprender instrucciones).
e) Comúnmente tiene dificultades para organizar tareas o actividades.
f) Evita, le disgusta o es renuente a dedicarse a tareas que requieren un esfuerzo mental sostenido (como trabajos escolares o domésticos).
g) A menudo extravía objetos necesarios para tareas o actividades (por ejemplo: juguetes, ejercicios escolares, lápices, libros o herramientas).
h) Se distrae fácilmente por estímulos irrelevantes.
i) Frecuentemente es descuidado en las actividades diarias.

La APA considera que el componente está presente si existen seis o más de los síntomas descritos, durante un periodo de cuando menos seis meses, con una intensidad maladaptativa e incoherente con el nivel de desarrollo. Al intentar identificar la inatención o distractibilidad mediante las descripciones habituales de los padres, con frecuencia se observa que éstas pueden varias en función de lo restrictivo del ambiente, del tipo de tareas que se imponen a quien se encuentra afectado y de las expectativas parentales para un posible portador. Por ello resulta más frecuente que este componente sea observado y reportado en la escuela, o bien que los padres y parientes lleguen a apreciarlo en casa cuando el menor debe realizar la tarea escolar. Antes de ello, en la etapa preescolar, la inatención puede no resultar disruptiva para la familia y, por tanto, no ser detectada.

Por su parte, la OMS en el CIE-10 describe el problema de atención destacando que éste se manifiesta con una interrupción prematura de la ejecución de tareas y al dejar actividades sin terminar. También resalta que una característica significativa es que los menores cambien frecuentemente de una actividad a otra, dando la impresión de que pierden la atención que dedicaban a una tarea para entretenerse con otra. Al igual que la clasificación estadounidense, esta descripción concluye señalando que el déficit en la atención debe ser diagnosticado sólo si es excesivo para la edad y la capacidad intelectual del afectado.

Paul Wender describe a los niños que tienen este trastorno como si se vieran forzados a reaccionar ante todos los estímulos, mostrándose atraídos por detalles irrelevantes. Tal situación refleja una incapacidad para organizar jerárquicamente los preceptos y las ideas, con lo que éstos adquieren una importancia uniforme y el niño presta la misma atención a lo importante que a lo accesorio, con lo que resulta sometido a un verdadero bombardeo de información.

La hiperactividad, inquietud o hipercinesia

Este componente sirvió durante mucho tiempo para caracterizar y dar nombre a la enfermedad; no fue sino hasta los últimos

20 años cuando se destacó la importancia de la hiperactividad en este contexto. Seguramente la razón para ello es que la inquietud trae como consecuencia que el niño sea disruptivo y que su comportamiento pueda identificarse como patológico. A pesar de que a veces este problema es detectado por primera ocasión en la escuela, muchos padres, hermanos y vecinos suelen darse cuenta de que un menor es anormalmente inquieto por las dificultades que ocasiona. De nuevo la APA (DSM-IV) caracteriza a la hiperactividad con los siguientes síntomas:

a) El niño mueve a menudo y en exceso manos y pies, o bien, se remueve constantemente en su asiento.
b) Suele abandonar su asiento en la clase o en otras situaciones en las cuales se espera que permanezca sentado.
c) Corre o salta excesivamente en situaciones en que es inadecuado hacerlo (en adolescentes o adultos puede limitarse a sentimientos subjetivos de inquietud).
d) Por lo general tiene dificultades para jugar o dedicarse tranquilamente a actividades de ocio.
e) Parece estar constantemente "en marcha" o suele actuar como si tuviera un motor.
f) A menudo habla en exceso.

Igual que ocurre con la inatención, para establecer la presencia de hiperactividad es necesario que se presenten seis o más síntomas de esta lista, a los cuales deben agregarse los que caracterizan a la impulsividad. Una vez establecida la existencia de hiperactividad e impulsividad, ambas deben identificarse con claridad en el comportamiento del menor durante seis meses cuando menos, y presentando una intensidad maladaptativa e incoherente con el nivel de desarrollo. El manual CIE-10 aclara que la hiperactividad implica una inquietud excesiva, en especial en situaciones que requieren una relativa calma.

Hace ver también que dependiendo de las circunstancias puede manifestarse cuando el niño salta y corre sin rumbo fijo, cuando no puede permanecer sentado en situaciones en que es necesario estarlo, por medio de verborrea o alboroto, o bien por una inquietud general acompañada de gesticulaciones y contorsiones.

Incluye además, al igual que el DSM-IV, una reflexión sobre la necesidad de valorar si un nivel de actividad puede catalogarse como excesivo dependiendo del contexto, es decir, de lo que sería de esperarse en una situación específica y de lo que sería normal teniendo en cuenta la edad y el desarrollo intelectual del niño. Hutt y Hutt (1964) han señalado que en los portadores del trastorno, como ocurriría en niños muy pequeños en situación normal, el modo primario de contacto con el entorno ocurre mediante manipulación; el niño es incapaz de sostener el contacto visual, encuentra difícil resolver situaciones con la vista y necesita manosear los objetos, que con frecuencia resultan destruidos en este proceso.

LA IMPULSIVIDAD

La incapacidad para inhibir el comportamiento ante situaciones que así lo demandan es también un componente tempranamente identificado. Frecuentemente se le ha equiparado con la poca tolerancia a la frustración y la imposibilidad para posponer gratificaciones. El manual de la OMS la ubica entre los rasgos asociados, y concede mayor importancia a la hiperactividad y la inatención, aclarando que dichos rasgos asociados no son suficientes ni necesarios para el diagnóstico. Describe la impulsividad como desinhibición en la relación social, falta de precaución en las situaciones de peligro y quebrantamiento de algunas normas sociales, tales como intromisión o interrupción de la actividad de otras personas, respuestas prematuras a preguntas sin permitir que se hayan terminado de formular, o imposibilidad de esperar turno. El DSM-IV enumera los siguientes síntomas:

a) El niño suele precipitar respuestas antes de que las preguntas se formulen completamente.
b) A menudo tiene dificultades para guardar turno.
c) Interrumpe o se inmiscuye en las actividades de otros; por ejemplo, se entromete en conversaciones o juegos.

Este cuadro clínico, compuesto por la tríada, es de inicio temprano y debe estar presente antes de los siete años de edad; sin embargo, de esta norma se desprenden cuestionamientos interesantes acerca de la edad de inicio para detectarlo y de si es posible identificar manifestaciones tempranas, así como de la evolución de estos síntomas a largo plazo y de si existen manifestaciones en la adultez. Ambos puntos serán abordados con detalle más adelante. Llama la atención la persistencia de utilizar términos que indican frecuencia en las descripciones, lo que tiene como propósito concederle a los síntomas el carácter de fluctuantes; en conclusión, el comportamiento de un niño o un adolescente puede mejorar o empeorar por lapsos, dificultando o cuestionando la identificación de los componentes. Esta característica clínica debe tenerse presente siempre.

La tríada puede no ser totalmente evidente y alguno de sus componentes puede no manifestarse. Lo más común es que ello ocurra con la hiperactividad; por lo general existen niños y, sobre todo, adolescentes y adultos, con déficit de atención, en los cuales el componente de hiperactividad no es especialmente evidente. El manual de la APA reconoce así tres modalidades del trastorno:

- Con predominio de la inatención.
- Con predominio de la hiperactividad e impulsividad.
- Tipo combinado.

Los estudios de campo realizados durante la formulación del DSM-IV reportan algunas frecuencias orientadoras para cada una de estas tres modalidades: 55 % de la población infantil afectada cumplía con los criterios diagnósticos propios del tipo combinado, en 27 % predominaba el problema de la inatención y en 18 % las manifestaciones de hiperactividad e impulsividad. Esta última variedad se encontró sobre todo en niños pequeños, que con frecuencia aún no asistían a la escuela y en los que, por tanto, la falta de atención era difícil de documentar.

Por su parte, en el CIE-10 la OMS emplea la denominación de trastornos hipercinéticos, y a diferencia del DSM-IV, concede particular importancia a la presencia o ausencia de conducta antisocial como criterio de clasificación, y al hablar de las modalidades que deben incluirse en este concepto, menciona las siguientes:

Trastorno de la actividad y de la atención. Se emplea cuando se satisface el conjunto de pautas del trastorno hipercinético pero no hay agresividad, comportamiento delictivo o conducta antisocial.

Trastorno hipercinético disocial. Se emplea cuando el problema se caracteriza por el conjunto de pautas del trastorno hipercinético y el conjunto de pautas del trastorno disocial.

COMORBILIDAD: MANIFESTACIONES ASOCIADAS

Diversos autores han pretendido ampliar los límites del síndrome más allá del déficit de atención, la hipercinesia y la impulsividad, describiendo una serie de síntomas asociados, los cuales pueden o no estar presentes y constituir manifestaciones conductuales que derivan de los tres componentes principales o de las complicaciones que son consecuencia de la interacción social maladaptativa y el rechazo, y que suelen variar con la edad del portador.

Hay muchos listados, y para dar cuenta de su amplitud puede sustraerse la siguiente relación: baja tolerancia a la frustración, irritabilidad, "berrinches" o "arranques" temperamentales, terquedad, insistencia excesiva y frecuente de que las demandas sean satisfechas, labilidad emocional, disforia, fluctuaciones rápidas del estado de ánimo, destructividad, parloteo excesivo, conflictos con la autoridad en la familia o la escuela, así como una constante insatisfacción que no puede ser resuelta por los padres (*anhedonia*). Puede mencionarse también lo que superficialmente se ha descrito como "pobre desempeño escolar", sin que este fenómeno llegue a constituir una entidad clasificable dentro de los trastornos de aprendizaje. Una proporción importante de portadores experimentan problemas académicos durante la infancia y la adolescencia, claramente explicables por los eventos psicopatológicos que caracterizan el trastorno: distractibilidad, periodos cortos de atención e incapacidad para completar tareas y alcanzar metas en periodos específicos (Zentall, 1993). Además de los problemas previos, algunos expertos han señalado las dificultades que estos menores tienen para socializarse con sus padres y con otras personas, aña-

51

diendo que pueden establecer relaciones superficiales y distantes y son escasamente aceptados en vista de sus escasos *savoir faire* en el terreno de las habilidades sociales (Cantwell, 1996).

Más allá del síndrome clínico, los portadores de trastornos de atención e hipercinesia pueden cursar con diversas modalidades de afecciones mentales; sin embargo, resulta complicado pensar que éstas pudieran tener un origen común con el problema de base, un origen independiente, o bien una complicación de éste. De cualquier manera, uno de los conceptos más importantes en la actualidad acerca de las manifestaciones clínicas de los trastornos de atención es la comorbilidad; esto es, la coexistencia del síndrome con una gran variedad de trastornos psiquiátricos. En los niños estos problemas pueden ir de las dificultades de coordinación motora al oposicionismo desafiante, o de los tics a los rasgos autistas, y en adolescentes y adultos puede tratarse de trastornos bipolares, personalidad antisocial, farmacodependencia o depresión.

En un estudio realizado en Ontario, Canadá, 42 % del total de las niñas y 53 % de los niños con trastorno de atención tenían al menos un diagnóstico más en el eje 1 del diagnóstico multiaxial. Estas proporciones eran de 48 y 76 % en menores de entre 12 y 16 años.

Hay que tener presente que en las etapas tempranas del desarrollo de estos conceptos, cuando aún eran atribuidos a algún factor lesivo del cerebro, esta supuesta lesión podía provocar el déficit de atención con hipercinesia y los demás trastornos del desarrollo asociados. Si bien los problemas exclusivamente deficitarios de atención son poco frecuentes y los casos presentan manifestaciones asociadas que a veces resulta imposible separar, es conveniente enumerarlas y describirlas de manera independiente. Al respecto puede proponerse el siguiente agrupamiento:

- Trastornos específicos del desarrollo.
- Emocionales.
- De conducta y adaptación social.

Cuadro 3.1. Manifestaciones asociadas a un trastorno por déficit de atención e hipercinesia.

Trastornos específicos del desarrollo	De aprendizaje De lectura De cálculo De escritura De habilidades motoras De la comunicación De expresión de lenguaje De comprensión de lenguaje Fonológico o de articulación
Trastornos emocionales	Ansiedad y depresión
Trastornos de conducta y adaptación social	Disocial Oposicionista Desafiante

Trastornos específicos del desarrollo

Atribuir estos fenómenos al trastorno de atención como factor causal e intentar hacerlos parte obligada del cuadro clínico no parece lo más adecuado, en vista de que existen muchos casos en los que se presenta el síndrome básico con los tres componentes y no otras desviaciones. De cualquier manera, y al hacer una evaluación completa del desarrollo como parte del enfoque clínico en menores portadores de trastornos de atención, es frecuente identificar las siguientes entidades:

Trastornos de aprendizaje

Su incidencia en portadores del problema se ha considerado alta; algunos expertos como Bain (1991) o Silver (1999) la estiman entre 30 y 40 % del total de los casos. Los constructos integrados son los siguientes:

De la lectura. La destreza para leer y comprender se encuentra sustancialmente por debajo de lo esperado para la edad cronológica, la capacidad intelectual y la educación recibida.

Del cálculo. La habilidad matemática medida mediante pruebas estandarizadas administradas de forma individual se encuentra sustancialmente por debajo de lo esperado para la edad cronológica, la capacidad intelectual y la educación recibida.

De la escritura. Las habilidades para escribir que pueden medirse mediante pruebas estandarizadas administradas en forma individual, se encuentran sustancialmente por debajo de lo esperado para la edad cronológica, la capacidad intelectual y la educación recibida.

Trastorno de las habilidades motoras

El desempeño de habilidades de coordinación motora se encuentra sustancialmente por debajo de lo esperado para la edad cronológica y la inteligencia.

Trastornos de la comunicación

De la expresión del lenguaje. La capacidad del niño para la expresión oral de éste es marcadamente inferior en el nivel adecuado a su edad mental, pero la comprensión del lenguaje está dentro de los límites normales; puede o no haber problemas de pronunciación.

De la comprensión del lenguaje. La comprensión del lenguaje por parte del niño es inferior en el nivel adecuado a su edad mental. En todos los casos existe también un deterioro en la expresión.

Fonológico, de articulación o de pronunciación. La pronunciación de los fonemas se encuentra en un nivel inferior al adecuado para la edad mental del niño; el nivel es normal para el resto de las funciones del lenguaje.

TRASTORNOS EMOCIONALES

Uno de los rasgos más consistentes en los trastornos de atención e hipercinesia es la reacción que los problemas de conducta despiertan en otras personas. Es poco probable que los padres, hermanos, parientes, maestros y autoridades escolares comprendan la discapacidad del menor como tal, y por tanto es inevitable que le concedan una connotación moral. Es decir, suponen que el niño es rebelde, travieso, malportado, grosero o agresivo sin razón alguna. Como producto de esta concepción, las connotaciones negativas, las sanciones y el rechazo son constantes y el menor es capaz de advertirlas como estresantes, así como sufrirlas e incorporarlas a su identidad, lo que afecta su autoestima.

Muchos menores enfrentan en forma constante la frustración por no conseguir adaptarse a ambientes, situaciones y personas, particularmente en la escuela. Si este es el origen de los problemas emocionales en estos niños, o si la comorbilidad obedece a otros factores es algo difícil de establecer. De cualquier manera, la depresión y la ansiedad son claramente más frecuentes en ellos que en otros chicos, y entre los portadores de déficit de atención, son mucho más frecuentes en los adolescentes que en los pequeños. Se estima que 15 % de los afectados pueden tener síntomas depresivos, mientras que 20 % pueden padecer de ansiedad.

Las manifestaciones clínicas que pueden caracterizarse como síntomas de depresión son: la negativa de manera sistemática para asistir a la escuela, la disminución en el interés, la motivación y la participación en juegos y otras actividades, el ánimo disfórico, el mutismo, los trastornos de sueño y apetito, la pérdida de peso, la irritabilidad, los sentimientos de culpa, las dificultades de concentración, e incluso los pensamientos de muerte y suicidio. En los niños pequeños puede ser difícil identificar estos síntomas porque suelen ser distintos a los de los adultos, mientras que en los niños mayores resultan más fácilmente identificables.

Aunque el siguiente comentario pertenece al apartado de diagnóstico diferencial, es conveniente aclarar que un niño ansioso puede mostrarse hiperactivo y distraído de por sí, lo que complica o simula un trastorno de atención.

Para algunos autores el estrés producido por los problemas de adaptación puede internalizarse y convertirse en ansiedad, o bien externalizarse y volverse un problema de conducta; también puede somatizarse mediante síntomas físicos a veces poco específicos, como la cefalea o el dolor abdominal.

TRASTORNOS DE CONDUCTA
Y ADAPTACIÓN SOCIAL

El fenómeno del comportamiento delictivo es motivo creciente de preocupación, de manera especial en lo que concierne a su presentación durante la infancia y la adolescencia; más allá de sus implicaciones de carácter legal se le ha intentado comprender como un problema de orden clínico o de salud. Además de los estudios epidemiológicos, neurobiológicos básicos y de análisis de la conducta, se han creado categorías diagnósticas para encuadrar en ellas a los menores de edad que incurren en actos antisociales con un patrón constante y reiterado. De manera genérica, estas categorías se denominan *trastornos de conducta* o *trastornos disociales*, y por supuesto se ha intentado también tender puentes entre éstos y el comportamiento delictivo adulto y la llamada *personalidad antisocial*. El asunto aquí es si puede establecerse algún nexo entre estos patrones de comportamiento antisocial y delictivo con el trastorno por déficit de atención e hipercinesia. En otras palabras, ¿se encuentran más expuestos a manifestar conducta antisocial y delictiva quienes han sufrido o sufren de trastornos de atención?

En el apartado de trastornos de conducta y adaptación social se mencionarán algunos de los múltiples estudios de seguimiento a largo plazo realizados en menores afectados por estos trastornos. Ha llamado la atención la manera en que estos estudios se identifican, además de patología mental, conductas antisociales, tribunales juveniles, programas e instituciones de readaptación social, como parte de la evolución de estos menores.

Mendelson (1971) documentó que los menores hiperactivos llegaban con mayor frecuencia a la corte juvenil; Hoy (1978), en un estudio acerca de la adaptación escolar en estos menores, reportó que era mucho más frecuente que fueran requeridos en la oficina del director por problemas disciplinarios y que provocaran la presencia de la policía en la escuela; Satterfield (1982) encontró una frecuencia mayor de arrestos por comportamiento infractor en ellos.

Algunos expertos han intentado establecer la frecuencia aproximada de conducta antisocial y delictiva en portadores de estos trastornos que cursan la educación básica, para lo cual han empleado diferentes categorías diagnósticas, desde la disfunción cerebral mínima hasta el déficit de atención con hiperactividad. Dependiendo de la severidad de los actos antisociales, las cifras van de 10 % (Feldman, 1979), a 25 % (Mendelsohn, 1971; Weiss, 1983); sin embargo, los estudios que reportan las prevalencias más elevadas se sitúan en 45 % (Satterfield, 1982). Bain (1991) ha estimado esta asociación entre un tercio y la mitad de todos los portadores del desorden de atención.

Otros autores y grupos han tratado de establecer si el tratamiento oportuno y adecuado, mediante fármacos y otros medios, de quienes están afectados por desórdenes de atención mejora sus posibilidades en cuanto al riesgo de incurrir en comportamiento delictivo. Los resultados de sus estudios son preocupantes, ya que documentan que el pronóstico no mejora de manera notoria al comparar sujetos tratados con no tratados (Weiss, 1975; Blouin, 1978; Satterfield, 1982). Esta situación se ha intentado explicar arguyendo que en los menores con conducta delictiva, ésta parece explicarse más por un trastorno disocial o de la conducta y por la existencia de agresión para con el menor y de éste hacia otros, independientemente de que haya algún trastorno de atención.

Otros, como Gittelman (1983), han considerado que el factor de riesgo más importante para la conducta antisocial es la persistencia del déficit de atención durante la adolescencia. En 1987 Satterfield comparó un grupo de menores con trastorno de atención que recibieron ayuda con fármacos y un programa de intervención psicológica breve, con otro grupo que además recibió ayuda psicológica intensiva en un programa de los llamados multimodales. El segundo grupo mostró una tendencia significativamente menor a la conducta delictiva que el primero; este estudio plantea la posibilidad de que la diferencia radique en la terapia psicológica.

El manual de la CIE-10 de la OMS se refiere al problema de la conducta antisocial en los trastornos de la actividad y de la atención, planteando que no hay certeza acerca de cuál es la forma más satisfactoria de subdividir dichos trastornos, pero que estudios catamnésicos han puesto de manifiesto que la evolución en la adolescencia y en la edad adulta está muy influida por la presencia o

57

ausencia de agresividad, comportamiento delictivo o conducta disocial. Por ello, propone una categoría especial a la que llama *trastorno hipercinético disocial*. Por su parte el DSM-IV (APA, 1994) reconoce que un número sustancial de niños referidos a atención por trastornos de atención tienen además trastorno por oposicionismo desafiante y trastorno de conducta, aunque no señala la proporción aproximada en cifras. Algunas estimaciones proponen una frecuencia de entre 30 y 50 % para estos problemas.

Cuando se habla de trastornos de conducta y adaptación social vale la pena considerar el desarrollo consecutivo de problemas de consumo, abuso y dependencia de alcohol y drogas, los cuales suelen complicar aún más la situación de los portadores, especialmente en la adolescencia y la edad adulta.

LA EVOLUCIÓN

Más allá de los elementos clínicos para la identificación transversal de un síndrome y las patologías con las que éste venga asociado, es fundamental conocer la sucesión de dichos elementos en las diferentes etapas de la vida de un presunto portador, con el objetivo de hacer una revisión retrospectiva que permita detallar la expresión del trastorno, desde el nacimiento hasta el momento de la consulta, así como para dar seguimiento y enfrentar en forma prospectiva la sucesión de eventos clínicos que pueden esperarse.

En etapas tempranas del conocimiento de estos problemas se enfatizaban los síntomas presentes y las posibilidades de ayuda, pero existía la tendencia a considerar el problema como autolimitado y propio de una etapa –la escolar– en la vida de los afectados. Visto de esta forma, tener frente a frente a alguien con trastorno por déficit de atención implicaba enfrentar un reto clínico de los seis a los 12 años de vida. Los niños con estos problemas ingresaban al primer grado de primaria y ponían de manifiesto sus síntomas al enfrentar el ámbito escolar, se mostraban inquietos, distraídos e impulsivos, tenían problemas de adaptación en la escuela y más adelante, ante el fracaso escolar y las consecuencias negativas de su conducta, hacían extensivos esos problemas al hogar y a la familia, por lo que se iniciaba su estudio y tratamiento. En el mejor de los casos, su discapacidad era detectada en la educación preescolar.

Los avances clínicos en este campo están demostrando la importancia del diagnóstico temprano, basado en la existencia de manifestaciones antes de los seis años de vida y del pronóstico inspirado en el conocimiento de la evolución ulterior de los trastornos de atención, en la adolescencia y en la vida adulta.

MANIFESTACIONES TEMPRANAS

Las clasificaciones que más ampliamente se utilizan, difieren en relación con la edad de inicio; la estadounidense propone que sea antes de los siete años, y la de la OMS antes de los seis. ¿Existen manifestaciones previas a esta edad y en el nivel de maduración conductual que presupone?; de existir, ¿cuáles son dichas manifestaciones? El punto ha sido ampliamente comentado por diferentes expertos; en buena medida la información de la que se dispone es de carácter anecdótico y son muy escasos los estudios controlados y sistemáticos.

Laufer y Shetty (1980), por ejemplo, opinan que el trastorno es de inicio temprano y que puede manifestarse desde los primeros meses de vida; mencionan una condición de sensibilidad, de irritabilidad e hiperreactividad a los estímulos del medio, así como con actitudes de tipo aversivo hacia la madre y otros cuidadores, aunque aceptan que no es generalizada en todos los portadores. También refieren que puede tratarse de pequeños activos, que duerman poco y lloren mucho, y que inician sus conductas exploratorias indiscriminadas en forma temprana, valiéndose de la bipedestación y la marcha cuando éstas aparecen y trasponiendo los límites e iniciando el manoseo indiscriminado y excesivo de objetos.

Dado su nivel de madurez, en los lactantes mayores aún no es posible hablar de inquietud e inatención, pero Hutt y Hutt han descrito que la actividad de los afectados es continua y no se detiene ante situaciones apropiadas para ello, en ambientes estructurados y con límites claros. La proclividad a los accidentes y la incapacidad para posponer las gratificaciones también pueden ser elementos presentes, al igual que la irritabilidad, la labilidad emocional, la explosividad y los berrinches, el comportamiento ruidoso, interferente, reactivo y a veces oposicionista, la agresividad y la toma de posesiones de otros niños. Campbell (1990) enfatiza la imposibilidad de complacer y dejar satisfechos a estos niños, así como la presencia de trastornos de sueño como predictores. Conforme debiera estructurarse el proceso de atención, va resultando evidente que estos niños no se concentran por lapsos mayores de 10 segundos ni jerarquizan los estímulos; responden con actividad motora constante y persistente a los intentos por detenerlos.

Desde luego que estos señalamientos son aventurados y están muy relacionados con la rigidez de las normas y la estructuración del ambiente por parte de los padres o tutores, los cuales pueden considerar normal y hasta sugestivo de precocidad o viveza un comportamiento francamente disfuncional; o bien, en el otro extremo, considerar como afectados a niños que no lo están y describirlos como inatentos e hiperactivos. En un estudio de seguimiento de Campbell (1990), en apenas la mitad de los niños en edad preescolar con diagnóstico de hiperactividad se sostuvo el diagnóstico cuando alcanzaron los nueve años de edad. La severidad de los síntomas en esta muestra fue un buen elemento para predecir en quiénes se sostendría el síndrome. El manual de la CIE-10 (OMS) señala, textualmente, al respecto: "Antes de la edad de comienzo de la escolarización es difícil reconocer la hiperactividad debido a su amplia variabilidad dentro de la normalidad. Sólo los niveles extremos permiten el diagnóstico en niños en edad preescolar."

MANIFESTACIONES TARDÍAS

La discusión acerca de los límites cronológicos de la enfermedad adquiere proporciones realmente importantes cuando se trata de las manifestaciones a largo plazo, y ha llevado a varias líneas de investigación y conceptualización. En primer lugar, parece quedar claro que el trastorno no es privativo de la infancia; baste para ejemplificar este planteamiento el hecho de que las clasificaciones modernas han tenido que cambiar la categoría de trastornos mentales infantiles por la de trastornos de inicio en la infancia y la adolescencia (CIE-10), o trastornos diagnosticados por primera vez en la infancia o la adolescencia (DSM-IV). Estos términos resaltan una forma diferente de concebir la patología mental infantil y enfatizan que lejos de ser exclusiva de esta etapa, se inicia o diagnostica por primera vez entonces. Existe suficiente información para afirmar que los trastornos de atención pueden seguir presentes durante la adolescencia o en la edad adulta; a estas formas del trastorno se les llamó, al iniciarse su identificación y descripción, formas residuales o tardías.

En el DSM-IV (APA, 1994) se ha preferido omitir términos como "tardío" o "residual", destacando que estos problemas mejoran en la vida adulta aunque algunos de lo síntomas persistan; según este texto, es preferible emplear la denominación de trastornos por déficit de atención e hiperactividad "en remisión parcial", resaltando el carácter subsindromático característico de estos desórdenes en la adultez.

En segundo lugar, así como se ha enfatizado la comorbilidad con otros problemas mentales durante la edad escolar, los afectados por trastornos de atención muestran una tendencia más o menos clara a sufrir estas patologías durante la adolescencia y la adultez. De estas categorías se ha concedido particular importancia a los desórdenes de conducta en la adolescencia, por su asociación con el comportamiento delictivo.

Entre otros pioneros de este tipo de investigación, vale la pena mencionar a Patricia O´Neal y Lee Robbins, quienes en 1958 publicaron un estudio longitudinal de seguimiento a treinta años realizado en un grupo de 150 menores atendidos entre 1924 y 1929 por trastornos de conducta que tenían un CI superior a 80 en la prueba de Stanford-Binet, lo que descartaba el retraso mental, y que fueron comparados con un grupo control de 100 sujetos completamente sanos. Al hacer el seguimiento se encontró años después, que una proporción importante de los 150 menores manifestaban diversas formas de patología mental, en las siguientes proporciones: "reacciones neuróticas": 27 %; "reacciones psicóticas": 18 % (con 12 % de casos de esquizofrenia); "personalidad sociopática": 15 %; "alcoholismo": 3 % (las categorías diagnosticadas corresponden a la época). Todas estas proporciones fueron claramente mayores a las del grupo control y destacaron de manera inicial el problema evolutivo.

Más adelante, Dennis Cantwell (1972) examinó a los padres de 50 niños diagnosticados como hiperactivos, encontrando porcentajes elevados de diversas formas de patología mental, en comparación con un grupo control (alcoholismo: 38 %, sociopatía: 16 %, trastornos afectivos bipolares: 10 %); concluyó que la hiperactividad en la infancia podía ser heredada y que en familias portadores se asociaba con índices elevados de psicopatología.

Morrison y Stewart (1973) estudiaron a las familias de 50 niños hiperactivos y encontraron que 14 padres habían tenido el síndrome durante su infancia; de éstos, seis eran alcohólicos (12 % de la muestra) y tres tenían depresión severa (6 % de la muestra). En una muestra de 14 portadores de trastorno de atención e hipercinesia, que cuando fueron atendidos tenían en promedio 7.5 años de edad, Menkes (1974) reportó, tras realizar un seguimiento durante 32.5 años en promedio, que cuatro eran psicóticos, dos habían sido delincuentes juveniles y uno se encontraba en la cárcel. Al realizarles un examen neurológico encontró que ocho tenían "evidencia definitiva de disfunción", caracterizada por temblor e incoordinación. Mendelsohn (1974) estudió a 88 adolescentes que habían sido diagnosticados como hiperactivos entre dos y cinco años antes. La descripción aportó que la mitad de ellos aún eran hiperactivos, impulsivos, rebeldes, destructivos, berrinchudos, con historia de fracaso escolar, escasa autoconfianza y participación en robos o pleitos.

Además de estas muestras, existen informes de casos que tenían la misma orientación que también resultaron útiles. Gross y Wilson (1972) reportaron el caso de una mujer de 38 años, madre de tres niños hiperactivos, que tenía dificultad para organizar sus pensamientos y su vida, se expresaba con frases cortas e inconexas y saltaba de una idea a otra; tras recibir tratamiento de 50 mg al día de imipramina mejoró notablemente. Arnold (1973) reportó el empleo de dextroanfetamina en el tratamiento exitoso de un estudiante universitario de 22 años que se mostraba inquieto y con problemas de concentración.

Con estos antecedentes, Henry Mann y Stanley Greenspan (1976) propusieron el término *disfunción cerebral del adulto*

(ABD, *Adult Brain Dysfunction*); esta afección se caracterizó como un síndrome independiente y diferente de la patología mental coexistente en quienes habían tenido el trastorno en la infancia. Señalaron, además, por primera ocasión, las dificultades para su diagnóstico, basándose en que podía haber sido precedida de formas leves del trastorno en la niñez que no hubieran sido diagnosticadas y en la posibilidad de que el portador superara el problema mediante recursos caracterológicos. Propusieron también cuatro componentes para definir el nuevo síndrome:

a) Historia de trastornos tempranos de aprendizaje con periodos cortos de atención.
b) Síntomas difusos y severos en la edad adulta, con ansiedad y depresión o sus equivalentes, de manera prominente.
c) Respuesta del cuadro a la imipramina.
d) Flujo rápido del discurso, con frecuentes cambios de tema.

Finalmente, advirtieron que el cuadro podía ser tan frecuente en adultos como la hipercinesia lo era en menores.

Más adelante (1978) Huessy identificó que los efectos benéficos del tratamiento con estimulantes en niños persistían durante la adolescencia, mientras que Paul Wender (1980) propuso adoptar el término *trastornos de atención* para estos casos; además, agregó el calificativo de *residual*, al tiempo que llevaba a cabo ensayos controlados de tratamiento con dextroanfetamina.

En 1985 Dennis Cantwell describió tres posibles patrones de evolución para los menores afectados por trastornos de atención: ausencia de síntomas y de deterioro en el funcionamiento social de 30 % de los casos; posibilidad de síntomas de deterioro en la adaptación que persisten en la edad adulta y se acompañan de diferentes tipos de dificultades sociales y emocionales 40 % de los casos, y además de la persistencia de síntomas y deterioro en la adaptación, la presencia de otras patologías mentales asociadas para el restante 30 %. Aun si se consideran exageradas las cifras de Cantwell, es imposible negar que estos trastornos parecen ser un importante marcador temprano de patología mental durante la edad adulta.

Ahora bien, según las cifras de Weiss y Hechtman (1993) y las de Barkley (1996), el rango de síntomas residuales en quienes fueron portadores en la infancia va de 30 a 80 %. Algunos autores como Silver (1999) señalan que aproximadamente 50 % de todos los menores con desórdenes de atención tendrán alguna forma de discapacidad en la edad adulta y estiman la prevalencia de estos problemas entre 1.5 y 3 % para esta época de la vida. Otros, como Hill y Schoener (1995) han reportado una remisión de aproximadamente 60 % en portadores del problema, a la edad de 20 años. De acuerdo con estas cifras, podría esperarse que de uno a tres de cada 100 adultos estuvieran afectados por diversos grados de discapacidad consecutivos a estos trastornos, lo que los ubica como predictores importantes de psicopatología.

Los datos incluidos anteriormente pueden variar; existen informes que consignan que la proporción de formas persistentes en la adolescencia y la edad adulta son hasta de 70 %. En esta población se señalan de nuevo con cierta consistencia rasgos como: autoestima y desempeño académico bajos, mayores problemas vocacionales y delincuencia. Una de las condiciones más consistentes en el estudio de Manuzza y cols. (1993) es la distimia, que según el autor se presenta en casi 70 % de los adultos con un trastorno de la atención. Algunos otros rasgos consistentes en este grupo son un menor grado de escolaridad, tasa ocupacional baja, mayor riesgo para desarrollar personalidad antisocial y problemas de abuso de drogas.

En un estudio de Weiss y Hechtman (1985) donde se realizó el seguimiento de un grupo con trastorno de atención durante 15 años, se encontró conducta antisocial en la quinta parte y una frecuencia elevada de intentos suicidas. Estos autores también reportaron que quienes pertenecían a este grupo se mudaban con mayor frecuencia, sufrían significativamente más accidentes automovilísticos, tenían menor desempeño académico, más citatorios en la corte y habían probado más drogas.

En un estudio reciente, Biederman y cols. (2000) examinaron la evolución de los síntomas en un grupo de 128 muchachos con diagnóstico de trastorno por déficit de atención e hiperactividad, a los que realizaron cinco evaluaciones en un lapso de cuatro años. Los autores encontraron una asociación significativa entre la edad y la disminución de los síntomas, con preferencia por el par hiperactividad-impulsividad, que mostró mayor remisión que la inatención. También propusieron que la desaparición de los síntomas con el paso de los años podía variar notablemente, dependiendo del concepto de remisión que se estuviera empleando. Distinguieron entre remisión sindromática, sintomática y funcional (recuperación completa), señalando que si bien la primera podía estar por arriba de 60 %, las dos últimas mostraban tendencias claramente menores.

En cuanto a la persistencia de síntomas durante la adolescencia, Barkley (1990) propuso que éstos se reducen significativamente, y que en los adolescentes y adultos se presenta un número menor de ellos, que incluye: una sensación interna de inquietud más que verdadera hiperactividad; además de la persistencia de dificultades de atención y concentración, con dificultades para organizarse y alcanzar metas en la escuela o el trabajo. En este sentido, hay que tomar en cuenta que durante la adolescencia, cuando los sujetos cursan la secundaria y la preparatoria se espera que sobrevenga un desarrollo de la vida independiente para completar su trabajo académico; entonces, la dificultad para cumplir este objetivo es un buen indicador del trastorno en esta etapa. Durante la adolescencia destaca también la dificultad de los afectados para establecer buenas relaciones con su grupo de pares, ya que su conducta los hace difícilmente tolerables, lo que les genera que los demás los rechacen.

Weiss y Hechtman (1994) destacaron la persistencia de comportamientos riesgosos en las formas residuales con una mayor frecuencia de accidentes de automóvil, motocicleta o bicicleta. En un estudio con 24 adolescentes y adultos jóvenes con diagnóstico de trastorno de atención y en tratamiento con estimulantes, Barkley (1996) empleó un programa computarizado para realizar un examen de manejo, con el que demostró que el grupo tenía predisposición al manejo errático, violación a los reglamentos y accidentes.

Otros estudios han reflexionado sobre los trastornos de la atención que no fueron diagnosticados como tales y por ello no recibieron tratamiento alguno durante la infancia; esta situación se ha detectado con mucha mayor frecuencia en el género femenino. En estos casos no es raro que al evaluar por primera ocasión a un menor en el consultorio, las explicaciones relativas al síndrome provoquen que uno de sus progenitores, con mayor frecuencia el padre, reconozca las manifestaciones y se señale a sí mismo como portador del síndrome durante su infancia; también suele ocurrir que la madre refiera la persistencia de síntomas en su esposo. Estas personas presentan una amplia gama de trastornos mentales en comorbilidad durante su vida adulta, tales como desórdenes en el estado de ánimo y ansiedad (Wender, 1994), a pesar de los cuales pueden tener un aceptable nivel de vida aun sin tratamiento. Hay algunos informes que postulan que los tratamientos combinados con medicamentos e intervención psicosocial mejoran su funcionamiento (Hallowell y Ratey, 1994; Wender, 1994).

En su CIE-10 la OMS consigna que en la edad adulta también puede hacerse el diagnóstico de trastorno hipercinético; agrega que los fundamentos son los mismos, pero que el déficit de atención y la hiperactividad deben valorarse en relación con la evolución de cada caso. Señala, además, que cuando la hipercinesia se presentó únicamente en la infancia y ha sido sustituida por otra entidad, como un trastorno de personalidad o abuso de sustancias con el curso del tiempo, debe codificarse sólo la segunda.

Diversos autores (Wender, 1994; Ratey, 1994; Barkley, 1995; Conners, 1995) han señalado que las manifestaciones más características de estos problemas en la edad adulta son las siguientes:

- Desorganización continua que impacta en el sitio de trabajo.
- Necesidad de utilizar listas escritas de las actividades a realizar para evitar olvidarlas.
- Persistencia de concentración escasa, que lleva a cambiar de actividad sin concluir la proyectada previamente.
- Reacciones explosivas intermitentes.

La desorganización puede ser un fenómeno clínico clave; comprende aspectos como horarios y programas de actividades, utensilios y materiales para la realización de éstas. Su explicación, al igual que la de las otras características, podría encontrarse en las dificultades de atención y concentración, en los problemas previos de aprendizaje y sus secuelas y en el déficit de las funciones ejecutivas con incapacidad para planear la conducta.

Al hablar de la persistencia del cuadro clínico durante la edad adulta, es necesario considerar siempre la coexistencia frecuente de otros síndromes clínicos asociados, especialmente ansiedad y depresión, o bien, abuso de alcohol o drogas.

Como resultado de estos hallazgos y propuestas puede decirse que el número de adolescentes y adultos que se encuentran en tratamiento por trastornos de atención aumenta día con día, y en la misma medida el síndrome se asocia con insatisfacción y dificultades de adaptación en mayores de edad (cuadro 3.2).

Cuadro 3.2. Manifestaciones de los trastornos por déficit de atención a lo largo del ciclo vital, según algunos autores.

Autores	*Hallazgos*
O'Neal y Robbins (1958)	Reacciones neuróticas y psicóticas, personalidad sociopática, alcoholismo
Cantwell (1972) niños con	Alcoholismo, 38 %; sociopatía, 16 %; trastorno afectivo bipolar, 10 % en padres de TDAH
Morrison y Stewart (1973); Cantwell (1985)	Alcoholismo, 12 %; depresión, 6 %; normalidad, 30 %; problemas de adaptación social y emocionales, 40 %; síntomas persistentes y presencia de otras patologías, 30 %
Weiss y Hechtman (1994)	Accidentes automovilísticos
Barkley (1996)	Torpeza para manejar y accidentes automovilísticos

4

Diagnóstico

ASPECTOS GENERALES

Las diversas explicaciones que se han dado a estos trastornos, cuyo origen se piensa que puede estar relacionado con sus manifestaciones clínicas, tienen como fin último establecer con claridad qué individuos se encuentran afectados. Como en tantos otros campos de la patología mental, en los cuales la prevención primaria parece aún distante, en el caso de los trastornos de atención cobra especial relevancia la posibilidad de su detección temprana, y por tanto de las herramientas diagnósticas disponibles para ello. Al respecto se ha señalado que se trata de un problema frecuente: que algunos factores, sobre todo neurobiológicos, se han podido relacionar con su aparición y que se le han señalado límites sindromáticos claros sobre los cuales parece haber consenso. También se han revisado los instrumentos y técnicas que permiten explorar el cerebro en el caso de éstos y otros trastornos mentales. Sin embargo, desde la descripciones originales de Strauss y Kanner en los años treinta hasta el año 2000 todavía se fundamenta el diagnóstico de estas formas de patología mental en la observación clínica; para ello se cuenta con un recurso valioso, los criterios diagnósticos.

CRITERIOS DIAGNÓSTICOS

Hasta la década de los ochenta, las clasificaciones de trastornos mentales consistían en listados de entidades para las cuales únicamente se disponía de la etiqueta; de esta manera se sabía cómo nombrar a un problema pero no existía consenso en cuanto a cuáles eran sus límites. Es fácil imaginar las implicaciones que tiene esta variedad de puntos de vista y opiniones para el ejercicio clínico y, sobre todo, para el trabajo de investigación. Fue precisamente en este campo, a partir de la preocupación de los investigadores, que surgieron los esfuerzos para establecer los límites clínicos para cada trastorno. No era posible llevar a cabo protocolos de investigación científica relativos a las causas, la frecuencia o la respuesta al tratamiento de una determinada enfermedad, si cada quien tenía diferentes conceptos acerca de sus límites. La solución a esto fueron los criterios diagnósticos; esto es, listados de características y requisitos que es necesario verificar para afirmar, con algún grado de certeza, que alguien es portador de un trastorno mental.

A partir de la tercera edición del *Manual Diagnóstico y Estadístico* de la APA (DSM-III, 1980), los desórdenes mentales se clasifican como síndromes clínicos que se integran con base en listados de sus características, los criterios diagnósticos, que desde entonces se proponen, revisan y modifican por grupos de expertos.

Por su parte, la décima edición de la *Clasificación Internacional de Enfermedades* (CIE-10, 1992) de la OMS adopta un formato parecido, en el que incluye pautas para el diagnóstico de cada problema. Ese es el caso de los trastornos de atención e hipercinesia, de modo que los criterios diagnósticos DSM-IV y las pautas para el diagnóstico CIE-10 definen los requisitos que debe cumplir el trabajo semiológico que se realice para establecer la presencia de esta condición.

Es necesario enfatizar que hasta ahora la observación clínica es el recurso más valioso y al que se le puede conceder mayor peso específico. Para establecer el diagnóstico con bases firmes basta realizar una entrevista (tan larga como sea necesario) con los padres o tutores y en ocasiones con los maestros; otra con el menor y observar cuidadosamente su comportamiento, habilidades e impedimentos. Aún así, existen algunos otros recursos que aportan información útil, aunque siempre de carácter complementario. Vale la pena reflexionar un poco sobre estos recursos, a los cuales puede llamarse adicionales.

HISTORIA Y EXAMEN CLÍNICO

Los antecedentes de un posible caso deben recabarse en entrevista directa con los padres o tutores; los especialistas en psiquiatría infantil recomiendan evitar que el niño esté presente durante esta entrevista, en la cual debe enfatizarse la información relativa a los antecedentes hereditarios y familiares por ambas ramas, los datos referentes a la gestación, el parto y el periodo neonatal. Es especialmente importante hacer una revisión cuidadosa del desarrollo en sus diferentes líneas, así como de las posibles afecciones que puedan coexistir con los síntomas del trastorno de atención. Los padres deberán hacer una relación detallada de la situación escolar del niño, desde el jardín de niños o la guardería, los avances y los problemas de comportamiento en estas etapas, hasta la enseñanza básica, su desempeño, calificaciones, problemas de comportamiento y dificultades de ajuste en general. También deben identificarse con precisión los tres componentes del síndrome, y enumerar las manifestaciones asociadas, confirmándolas o descartándolas.

Después de haber entrevistado a los padres es necesario hacer lo propio con el niño, observando con detenimiento su aspecto exterior y la organización de su comportamiento en general; por ejemplo, la duración de sus periodos de atención, la inquietud motora en manos, brazos, pies y piernas; la forma en que manipula objetos y los límites que transgrede para ello; si gesticula y deambula; el tono de voz que emplea y si consigue modularlo; la forma en que se expresa; su vocabulario; la posible presencia de problemas de comprensión o fonológicos; los objetivos que alcanza al verbalizar y si cambia constantemente de tópico; así como la manera en que sigue órdenes y se adapta a la autoridad de los padres.

También es necesario hacer una apreciación general de la condición emocional del menor, particularmente de la presencia de síntomas ansiosos o depresivos y de su percepción de sí mismo. La entrevista se puede aprovechar además para precisar la forma en que interactúa con sus padres y las dificultades de contacto, comunicación y ejercicio de autoridad que surgen durante dicha interacción. Finalmente, es conveniente explorar la percepción que el niño tiene de su problema y de las posibles consecuencias que hasta entonces haya debido enfrentar.

RECURSOS DIAGNÓSTICOS ADICIONALES

Sin pasar por alto su carácter complementario, es posible proponer el siguiente listado:

- Examen neurológico.
- Estudio electroencefalográfico.
- Estudio psicológico.
- Estudio pedagógico.
- Examen de la visión y de la audición.
- Escalas clinimétricas.
- Entrevistas estructuradas y semiestructuradas.

EXAMEN NEUROLÓGICO

En el apartado de manifestaciones asociadas se comentaron algunas entidades que podían poner de manifiesto diversas condiciones de disfunción cerebral. Esta forma de pensar dio origen al concepto de *disfunción o daño cerebral mínimo*, que intentaba englobar, además de la tríada sindromática a otras modalidades de discapacidad, entre las que se cuentan las dificultades para la integración entre la información perceptual y las respuestas motoras, así como las deficiencias de coordinación motora gruesa y fina. Estas dificultades pueden ponerse en evidencia mediante la búsqueda intencionada de los llamados *signos neurológicos blandos* o *suaves*; algunos de los tradicionalmente descritos incluyen a la *disgrafestesia* (incapacidad para distinguir letras o números que se dibujan con el dedo del examinador sobre la espalda del niño), la *sinquinesia* (imposibilidad de inhibir movimientos similares con el miembro contralateral cuando se pide al niño que realice un movimiento complicado con algún miembro, como tocarse las puntas de los dedos usando el pulgar), la *adiadococinesia* (dificultad para efectuar movimientos alternativos rápidos con manos o pies), la *aestereognosia* (dificultad para reconocer objetos mediante el tacto y con los ojos cerrados), la *simultagnosia* (dificultad para distinguir al mismo tiempo figuras y fondo en una estampa, por el cual se describe a los objetos o personajes pero no a la acción representada) o la *incoordinación* (prueba del dedo-dedo, en la que el examinado intenta tocar con la punta de su dedo índice la punta del dedo índice del examinador, que cambia a menudo de posición en el espacio; prueba del dedo-nariz, en la que el examinado toca de manera alterna, con su dedo índice, la punta de su nariz y la punta del dedo índice del examinador; prueba del talón-rodilla, en la que el examinado trata de recorrer con su talón el borde anterior de la tibia en la pierna contralateral; quitarse y ponerse prendas de vestir, anudar las cintas de los zapatos, seguir objetos con la mirada).

Examen electroencefalográfico

El registro de la actividad eléctrica cerebral ha evolucionado notablemente desde los descubrimientos de Berger en la década de los treinta; durante muchos años ha sido un auxiliar diagnóstico para diversas patologías cerebrales, especialmente la epilepsia.

En el capítulo 2 se revisaron algunos conceptos surgidos de la investigación encefalográfica en portadores de déficit de atención e hipercinesia, con equipo en diferentes etapas de avance tecnológico; se comentaron también algunos de los hallazgos más consistentes y se insistió en que en el campo de la patología de que trata este texto han resultado inespecíficos. La obtención de imágenes en diferentes zonas de la corteza y el llamado mapeo cerebral mediante análisis espectral computarizado (PAS), se han convertido en los métodos más actuales y que arrojan información más valiosa.

Los datos apuntan, de manera general, a la persistencia de ritmos lentos de banda theta, de cuatro a siete ciclos por segundo, excesivos para la edad y la madurez bioeléctrica; disminución en la proporción de bandas beta rápidas de 18 a 22 ciclos por segundo, la disminución o abolición de la respuesta de atenuación de la banda alfa de ocho a 12 ciclos por segundo con la estimulación visual o auditiva; así como la presencia ocasional de grafoelementos anormales, característicos de la epilepsia, tales como ondas agudas o espigas (puntas). Para algunos autores como Laufer y Shetty (1980), el trazo electroencefalográfico puede ser útil para descartar o documentar algunas formas de epilepsia en estos niños, sobre todo las llamadas *crisis de ausencia* o "pequeño mal", que podrían prestarse a confusiones diagnósticas al condicionar problemas de atención cada vez que se presentan.

Puede decirse que no existen trazos electroencefalográficos patognomónicos de los trastornos de atención y que un trazo alterado no confirma este diagnóstico, de la misma manera que uno normal no lo descarta. Visto de esta manera, el estudio puede resultar un auxiliar diagnóstico que aporte datos relativos a la maduración bioeléctrica cerebral, los cuales pueden correlacionarse con la situación clínica. Además, cuando existe la posibilidad de hacer trazos periódicos se cuenta con un criterio más para dar seguimiento a la evolución y maduración de los menores afectados y bajo tratamiento.

EXAMEN PSICOLÓGICO

El estudio psicológico de menores, adolescentes o adultos portadores potenciales de dificultades de atención, impulsividad e hipercinesia puede ofrecer información adicional al diagnóstico sindromático, de gran valor pronóstico y de mucha utilidad para proponer alternativas de tratamiento. Existen muchos protocolos diferentes de evaluación psicológica y muchos instrumentos de los cuales obtener datos, y resulta difícil ponderarlos para optar por unos u otros. Más bien, es conveniente llevar a cabo una evaluación que, mediante entrevista a los padres y al afectado y aplicación de instrumentos psicométricos, cubra los siguientes aspectos:

Rendimiento intelectual. Quizá la prueba para medir inteligencia más ampliamente difundida sea la prueba de inteligencia de Weschler, para niños o adultos (WISC-R, WAIS), que aporta algunos otros datos valiosos, además del coeficiente intelectual, tales como: rendimiento verbal y de ejecución, diferencias entre ambas dimensiones o entre diferentes subtests, algunas habilidades perceptuales y motoras, así como ciertos datos sobre los avances en el aprendizaje escolar.

Madurez perceptomotora. Las pruebas clásicas como la de Bender o Frostig generalmente dan información útil.

Condición emocional. Pueden emplearse pruebas y escalas proyectivas, o bien, escalas para la medición de ansiedad o depresión.

Estructura y dinámica de la familia. Existen también escalas específicas con dimensiones como comunicación, expresión de afectos y manejo de autoridad, que resulta importante cuantificar por sus implicaciones para el manejo terapéutico de la familia. La escala de funcionamiento familiar de Espejel (1994) o la escala de clima familiar de Moos son dos buenos ejemplos de instrumentos que pueden emplearse con este fin.

Si bien tampoco existen perfiles psicométricos diagnósticos del síndrome, la información que arroja la evaluación psicológica puede complementar, ampliar y reforzar dicho diagnóstico, y sobre todo permite conocer una serie de aspectos, áreas y circunstancias alrededor del afectado y su familia, indispensables para hacer propuestas terapéuticas integrales.

El término *maduración perceptomotora* merece algunas consideraciones adicionales. El manejo que el cerebro hace de la información del entorno puede secuenciarse y simplificarse en cuatro operaciones neuropsicológicas:

- Percepción.
- Integración.
- Memoria.
- Emisión de respuesta.

Para cada una de estas operaciones es posible señalar algunas dificultades de maduración y la forma en que pueden explorarse.

Discapacidades perceptuales

Las más evidentes pueden ser las de tipo visual, auditivo y somatosensorial.

Discapacidades visuales

a) Dificultades para organizar la posición de los objetos en el espacio, con inversiones o rotaciones. Suelen presentarse en niños de seis años de edad o mayores y suelen evidenciarse al copiar letras, números u otras figuras.
b) Dificultades para separar figura y fondo, con problemas para distinguir y resaltar las primeras.
c) Dificultades para percibir distancia y profundidad, que pueden pueden hacerse evidentes con torpeza para eludir muebles u otros objetos, o bien, tomar objetos con la mano.

Discapacidades auditivas

a) Dificultades para distinguir diferencias sutiles entre sonidos, tales como las diferencias en la pronunciación de algunas letras del alfabeto.
b) Dificultades para distinguir estímulos auditivos específicos en ambientes en los que no hay silencio; por ejemplo, una voz humana en vivo en un lugar en el que está prendida la televisión y otras personas están platicando al mismo tiempo.
c) Dificultades para comprender de manera inmediata y clara lo que se escucha.

Discapacidades somatosensoriales

a) Se ha descrito una condición de hipersensibilidad a la estimulación táctil que resulta molesta para el niño y puede hacerle rehuir el contacto.
b) Se describen, además, problemas de sensibilidad propioceptiva

que pueden hacer difícil para algunos menores distinguir la ubicación y posición de su cabeza, brazos o piernas; e incluso la ubicación de su cuerpo en el espacio.

Dificultades para la integración

Algunos niños pueden tener problemas con la secuenciación en el manejo de la información, así como dificultades para seguir el orden de principio a fin de un relato, los meses del año, los días de la semana o una serie de cifras.

Otros pueden tener dificultades para hacer operaciones de abstracción, es decir, para conceder significado a la información y comprender chistes, bromas o refranes, o bien para establecer semejanzas y diferencias entre los objetos. Es frecuente también que existan dificultades en la organización de la información recibida para decidir qué uso se le debe dar.

Problemas de memoria

Se trata particularmente de problemas en la llamada memoria de corto plazo, en los cuales el afectado no consigue retener la información que se le presenta, dadas sus dificultades para concentrarse y su déficit maduracional de percepción e integración. En consecuencia, al instruir a los padres u otros cuidadores acerca del manejo de estos menores, debe señalárseles la importancia de darles una sola instrucción a la vez.

Discapacidades para la ejecución de respuestas

Lo más común es que estos niños presenten problemas con el lenguaje de expresión y discapacidades motoras. Los primeros provocan titubeos, respuestas como: "¿eh?", "¿qué?", "¿mande?", que obligan a repetir la pregunta, así como una lentitud mayor a la esperada para contestar. La queja común del profesor de un niño con este problema puede ser que éste habla constantemente en clase y al hacerle preguntas responde con un "no sé".

En contraposición, las dificultades para los movimientos finos pueden hacerse evidentes cuando el niño comienza a escribir; la escritura que implica movimientos gruesos hace que el niño parezca torpe, lento, tosco y disruptivo; ello se suma a los problemas de maduración de la percepción visual.

Estudio pedagógico

Una situación que con frecuencia evidencía los problemas de atención es que el menor presenta un rendimiento escolar inadecuado. Si se considera, además, que el diagnóstico temprano de estos problemas es muchas veces la excepción en lugar de la regla, se entiende que una proporción importante de los portadores tienen secuelas en el aprendizaje y adaptación en el ambiente escolar al momento del diagnóstico. En este sentido, una evaluación cuidadosa y detallada de los avances, los impedimentos y las dificultades en la lectura, la escritura, el cálculo y los conocimientos generales permite establecer el nivel de deterioro en cada actividad, dimensionando la repercusión que hasta ese momento haya tenido sobre ella el trastorno de base. No puede afirmarse que todos los portadores van a tener problemas evidentes de desempeño académico, pero en todo caso, en aquellos menores en los que no se hacen aparentes, se podría suponer que dicho desempeño mejoraría al detectar y tratar su enfermedad.

Por supuesto que mientras más detallada y profesional sea una evaluación de la condición de aprendizaje de un niño, ésta resultará más confiable y útil. Sin menoscabo de esto, es posible señalar algunas preguntas orientadoras para tener una impresión de diferentes áreas durante una evaluación clínica; en este sentido, es conveniente investigar si el menor presenta algunos de los siguientes problemas:

Lectura

- ¿Le gusta leer?
- ¿Le resulta más sencillo leer en voz alta o en silencio?
- Cuando encuentra palabras que no conoce, ¿las adivina o las pronuncia?
- Cuando lee, ¿salta renglones o palabras, o lee el mismo renglón dos veces?
- ¿Puede leer palabras pero no comprender su significado?
- ¿Puede leer una página completa pero al concluir no recuerda nada de lo que leyó?

Escritura

- ¿Su mano se cansa cuando escribe?
- ¿No puede escribir tan rápido como piensa?
- ¿En ocasiones encima palabras porque ya está pensando en lo que sigue cuando no ha terminado de formular lo que pensaba antes?
- ¿Tiene tiempo de copiar lo que la maestra escribe en el pizarrón?
- ¿Puede deletrear?

Cálculo

- ¿Conoce las tablas de multiplicar?
- ¿Cambia el orden de los números en una cantidad?
- ¿Al sumar o restar confunde columnas?
- Cuando está sumando, ¿de repente resta o viceversa?
- ¿Puede realizar operaciones aritméticas pero no consigue resolver problemas?

Lenguaje

- Cuando la maestra habla, ¿tiene dificultad para entender?
- ¿En ocasiones comprende y responde a una pregunta de manera equivocada?

- Cuando hay una conversación, ¿pierde partes de ella porque se retrasa en comprender lo que se está diciendo?
- ¿Tiene dificultades para organizar su pensamiento cuando está hablando?
- ¿Sabe lo que va a decir pero tiene dificultades para encontrar las palabras adecuadas?
- ¿Pronuncia mal letras o sílabas?

Coordinación motora

- ¿Salta, corre, juega, sostiene objetos y los suelta como sus compañeros o es torpe?
- ¿Puede arrojar una pelota, golpearla, patearla, cacharla o batearla?
- ¿Puede abotonarse y amarrar sus zapatos?
- ¿Puede utilizar de manera adecuada los cubiertos para comer?
- ¿Puede usar tijeras?

EXAMEN DE LA VISIÓN Y LA AUDICIÓN

La razón de aplicar esta prueba es que al abordar posibles discapacidades de tipo sensoperceptual y de integración sensoriomotora, es muy importante conocer la situación de la función visual y la función auditiva. Más allá de las dificultades maduracionales mencionadas en el apartado de exploración psicológica, un déficit específico diagnosticable en alguna de estas áreas podría complicar el déficit de atención de base; de igual manera, pasarlo por alto podría obstaculizar el avance del tratamiento. Asimismo, las deficiencias visuales o auditivas podrían prestarse a confusión en el diagnóstico del síndrome cuando provocan problemas de concentración.

Los dos estudios deben ser efectuados por especialistas, un oftalmólogo y un otorrinolaringólogo, a los que resulta indispensable poner al tanto del proceso diagnóstico por el que atraviesa el posible portador, de sus posibles dificultades de maduración cerebral y de la trascendencia de identificar o descartar defectos sensoriales en los sistemas de visión o audición antes de considerar los problemas perceptuales y de integración.

Escalas clinimétricas

La medición de la magnitud y por tanto la severidad de los fenómenos clínicos es un área de intenso desarrollo en las últimas décadas. De manera tradicional, el proceso de diagnóstico para desórdenes mentales tenía mucho de subjetivo, y tanto la presencia como la gravedad de un problema podía ser cuestión de apreciación por parte del clínico. Las dificultades que ello representaba para la investigación científica son obvias; por ejemplo, si se deseaba documentar la eficacia de algún método de tratamiento, su impacto sobre la severidad de los síntomas no podía medirse de manera clara y objetiva porque no había los instrumentos necesarios para ello.

La clinimetría ha trabajado en el desarrollo de instrumentos, derivados de la expresión fenomenológica de los problemas clínicos, que buscan hacer objetiva dicha expresión, frecuentemente concediéndole un valor cuantitativo numérico. En principio no se trata de recursos de carácter cualitativo y por tanto preferentemente no tratan de diagnosticar patologías sino de medir su magnitud. Aún así, muchos de ellos son empleados, con reservas, con el fin de establecer diagnósticos. De nuevo es conveniente insistir en que el diagnóstico de los trastornos de atención e hipercinesia es producto de la observación clínica y la identificación del comportamiento característico del síndrome. A partir de ahí, los instrumentos clinimétricos resultan muy útiles para hacer objetivo el problema y apoyar el diagnóstico clínico, para asignarle una calificación numérica a la severidad de los síntomas y para hacer seguimiento de la evolución en el tiempo de estos síntomas.

En el campo de los trastornos de la atención, uno de los expertos más ampliamente reconocidos es el psicólogo Keith Conners de la Escuela de Medicina de Harvard, quien en la década de los sesenta, preocupado porque las evaluaciones subsecuentes que hacían los psiquiatras de los menores en tratamiento farmacológico por trastornos de atención se vieran reducidas a unos minutos de interrogatorio en el consultorio y a la opinión de los padres, comenzó a trabajar en el desarrollo de escalas de medición para padres y maestros de dichos menores. Sus primeros instrumentos (1968, 1969) constaban de 39 ítems para responderse de manera gradual, seleccionando cuatro categorías de respuesta que iban de "ausente" a "muy evidente" y documentaban cinco dimensiones o factores del problema de comportamiento: desafiante o agresivo, soñador y distraído, ansioso y temeroso, hiperactivo, y ausencia de síntomas.

Más adelante, otros expertos como Carey y McDevitt diseñaron instrumentos similares, como el *Cuestionario de Temperamento Infantil* (1978), que tenía propósitos semejantes.

Las escalas clinimétricas para el registro de conducta en niños y adolescentes pueden dividirse en: *a*) escalas de rango amplio, que además de los componentes del trastorno de atención miden otras dimensiones psicológicas; un buen ejemplo es el *Inventario de comportamiento infantil* (*Child Behavior Checklist*) de Achenbach (1993); *b*) escalas de rango estrecho, que miden específicamente los componentes clínicos del déficit de atención e hipercinesia. Del gran número de instrumentos de este tipo que hay en la actualidad, a continuación se amplía la información sobre dos de los más utilizados.

Examen del trastorno por déficit de atención e hiperactividad (*Attention Deficit Hiperactivity Disorder Test, ADHDT*). Diseñado por James Gillian y validado en una amplia muestra de 1279 portadores del trastorno en 47 estados de la Unión Americana y Canadá. Consta de 36 ítems distribuidos en tres subtests, cada uno de ellos para uno de los tres componentes del síndrome. El subtest de hiperactividad consta de 13 ítems, el de impulsividad de 11 y el de hiperactividad de 12; cada uno puede ser calificado con 0 (no es un problema), 1 (problema leve) o 2 (problema severo). La prueba puede ser llenada por personas adultas familiarizadas con el sujeto de estudio, y su aplicación toma entre cinco y 10 minutos. Ha demostrado un alto nivel de confiabilidad.

Escalas de calificación de Conners. Existen muchos instrumentos diseñados por este autor; los tres que utilizan con más frecuencia son:

- Escala de calificación de Conners para maestros.
- Escala de calificación de Conners para padres.
- Escala de autoinforme para adolescentes de Conners y Wells.

Existen también varias versiones de cada una de éstas, y las más actuales son las revisiones publicadas en 1997. La versión larga de la *escala para padres* consta de 80 ítems y mide las siguientes dimensiones o subescalas: oposicionismo, problemas cognitivos, hiperactividad, ansiedad y timidez, perfeccionismo, problemas sociales, trastornos psicosomáticos, inquietud, impulsividad, labilidad emocional e inatención. La versión breve consta de 27 ítems y mide oposicionismo, problemas cognitivos, hiperactividad e índice TDAH.

Asimismo, la versión larga de la *escala para maestros* consta de 59 ítems, con los que mide las mismas dimensiones que la de padres, a excepción de problemas psicosomáticos; la versión breve consta de 28 ítems y mide las mismas dimensiones que la escala breve para padres.

El *cuestionario de autoinforme para adolescentes* consta de 87 ítems para medir problemas familiares, emocionales, de conducta, problemas cognitivos, problemas de expresión de enojo, hiperactividad, inatención e impulsividad. Tiene también una versión breve de 27 ítems que mide problemas de conducta, cognitivos, hiperactividad e impulsividad. Cada uno de los ítems de las escalas de Conners se califica en cuatro gradaciones, de "ausente" a "muy evidente". Las escalas largas se aplican en un tiempo promedio de 15 a 20 minutos y las cortas de cinco a 10 minutos.

ENTREVISTAS ESTRUCTURADAS Y SEMIESTRUCTURADAS

A pesar de que este tipo de instrumentos resultan especialmente útiles para el trabajo de investigación científica y rara vez se emplean en la labor clínica cotidiana, es conveniente mencionarlos. Se basan en los sistemas de clasificación en boga y en los criterios diagnósticos que sustentan los constructos nosológicos propuestos por éstos.

Las *entrevistas altamente estructuradas* están diseñadas para aplicarse en muestras poblacionales con el fin de realizar una investigación epidemiológica, por parte de personas sin formación especial en el campo. Las principales son:

1. DICA (Diagnostic Interview for Children and adolescents). Fue una de las primeras; surgió a mediados de los años setenta y actualmente existe una versión en español para la clasificación DSM-III-R que consta de dos partes: una para los padres y otra para niños y adolescentes.

2. DISC (Diagnostic Interview Schedule). Surgió a mediados de los años ochenta y existe una versión en español para la clasificación DSM-IV, también con apartados para padres y para niños o adolescentes. Evalúa el inicio y duración de los síntomas, así como el deterioro psicosocial.

Las *entrevistas semiestructuradas* están diseñadas para aplicarse en investigaciones clínicas y deben ser empleadas por profesionales como el psiquiatra o el psicólogo clínico. A continuación se incluyen tres ejemplos de ellas:

1. K-SADS. Surgió en la década de los ochenta y cuenta con versiones para padres y para niños. Su aplicación requiere de entrenamiento prolongado.

2. ISC. También disponible en versiones para padres y para niños y adolescentes. Su aplicación requiere también de un entrenamiento prolongado.

3. ESA (Entrevista Semiestructurada para Adolescentes). Fue diseñada en México y consta de 21 apartados distribuidos en cuatro partes; se compone de 243 preguntas que pretenden detectar diversas formas de psicopatología en adolescentes.

EL DIAGNÓSTICO EN ADULTOS

Igual que sucede en la infancia, el desorden de atención e hipercinesia rara vez se presenta como problema único en la edad adulta. Shekim (1990) cataloga al diagnóstico en adultos como un dilema, remarcando su frecuente asociación con ansiedad y depresión.

Detectar, documentar y delimitar los problemas psicopatológicos coexistentes con el problema en adultos es una tarea clínica y epidemiológica complicada. Un buen ejemplo de esta situación es el señalamiento de Barkley y Murphy (1994), respecto de que se trata de una regla general que ante la presencia de síntomas propios de un trastorno afectivo de tipo bipolar, o de rasgos propios de la personalidad limítrofe, es necesario evadir el diagnóstico de trastornos por déficit de atención aunque sus manifestaciones sean claras, hasta que los otros problemas sean valorados y, en la medida de lo posible, tratados. Vale la pena considerar qué síntomas como falta de atención e impulsividad pueden ocurrir en la edad adulta en muchos tipos de trastornos. Además, los criterios diagnósticos de que se dispone en la actualidad se desarrollaron en principio para trabajar con población infantil y no es posible afirmar aún que se disponga de criterios específicos para la edad adulta cuya validez se haya consensado y demostrado de manera más o menos generalizada. Por ello, Murphy (1994) propone, en tanto no exista una mejor solución, apegarse a los criterios DSM-IV.

Algunos expertos han propuesto rasgos distintivos del trastorno para los adultos. El propio Murphy, por ejemplo, sugiere enfocarse en la dificultad para controlar el enojo, la baja autoestima y la intolerancia a eventos estresantes; Bender, por su parte, destaca los cambios de humor, la desorganización, el temperamento irascible y de nuevo la baja tolerancia al estrés. Barkley insiste en la importancia que tiene, como primer paso para el diagnóstico en adultos, reunir evidencias del problema en la niñez de manera retrospectiva, aunque es necesario aclarar que esto no es tan sencillo como pudiera parecer.

Para este autor el pobre desempeño escolar y laboral, la falta de organización, la falta de disciplina personal, la autoestima baja, las fallas de memoria y las confusión en las percepciones son rasgos distintivos. Robin, por otro lado, propone aspectos como la poca persistencia de esfuerzos, el comportamiento poco adaptado a reglas y una mayor variabilidad en el trabajo y otras actividades.

Es importante que la evaluación en los adultos incluya, además de la entrevista con el paciente, información detallada de personas allegadas a éste, escalas clinimétricas entre las cuales se sugiere la *Escala de Trastornos de Activación de la Atención de Brown*, así como inventarios para evaluación de la personalidad.

5

Tratamiento

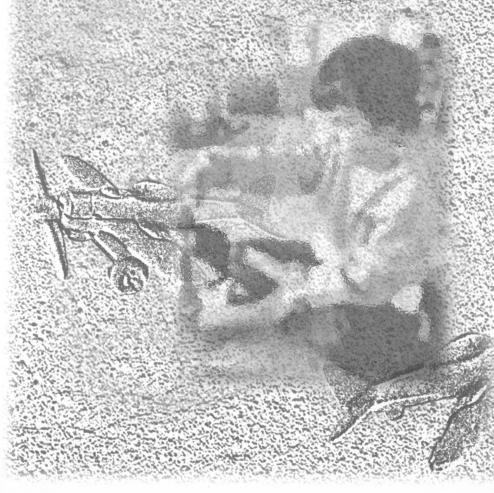

CONSIDERACIONES GENERALES

Antes de considerar las diversas modalidades de ayuda profesional que existen para quienes padecen desórdenes de atención, es conveniente hacer dos observaciones de orden general; la primera se refiere a las diferentes etapas del pensamiento en psiquiatría y psicología clínica, así como a los principios y medios de tratamiento que llevaban aparejado. En efecto, con cada corriente que pretendía explicar el origen de las patologías mentales se proponían métodos terapéuticos a partir de sus postulados teóricos. Ha habido entonces diferentes enfoques para el tratamiento psicológico, con principios psicodinámicos, gestálticos, conductuales o cognitivos, de la misma manera que se han ensayado diferentes grupos de psicofármacos.

En el momento actual, en éste y en otros problemas de salud mental las propuestas que confrontan diferentes métodos terapéuticos no son, como antaño, antagónicas, y no se busca elegir entre unas u otras. Más bien los científicos han aprendido que las diferentes modalidades de tratamiento son complementarias y quien recibe ayuda debe tener acceso a todas ellas desde la perspectiva interdisciplinaria. Esto, desde luego, con pleno respeto para los fundamentos científicos de cualquier método, y entendiendo que no se incluyen los medios de tratamiento que no hayan sido sujetos a ensayos rigurosos y metodológicamente válidos.

La segunda observación se refiere a qué es lo que se va a tratar; quien intente responder a esta pregunta que, por supuesto, los trastornos de atención, deberá tener en cuenta que los componentes del síndrome pueden y deben tratarse, pero además deben atenderse los síntomas asociados y los otros síndromes psiquiátricos que se puedan identificar en el proceso de diagnóstico integral. Entonces, requieren tratamiento los trastornos de aprendizaje y los del lenguaje, los problemas de coordinación motora, las repercusiones emocionales del problema y sus síntomas ansiosos o depresivos, así como los desórdenes de la conducta que coexistan con la enfermedad de base. Para todo ello, las diferentes posibilidades de ayuda terapéutica pueden ordenarse en los siguientes grupos:

- Tratamiento farmacológico.
- Terapias psicológicas.
- Apoyo pedagógico.
- Terapia familiar.

TRATAMIENTO FARMACOLÓGICO

A partir de 1937, año en que Bradley administró por primera vez sulfato de anfetamina a niños con estos trastornos, hay más de sesenta años de experiencia en el tratamiento de los desórdenes de atención con medicamentos de probada eficacia. Como ocurre con frecuencia en farmacoterapia, Bradley no pretendía modificar los síntomas de los menores, sino aliviar el dolor de cabeza que los estudios radiológicos de ese entonces les provocaban al utilizar aire intracraneal como medio de contraste (*neuroencefalografías*). Para el tratamiento farmacológico de este grupo de desórdenes se han empleado prácticamente todos los grupos y tipos de psicofármacos disponibles, y de entre ellos existen algunos grupos de fármacos con los que se ha experimentado sistemáticamente por medio de un número suficiente de ensayos controlados en el manejo de la inatención, la inquietud y la impulsividad. Se pueden agrupar en tres categorías:

- Con eficacia probada.
- Posiblemente eficaces.
- Con experiencia inconsistente.

Cuadro 5.1. Fármacos empleados en el tratamiento
del TDAH.

Eficacia	Fármacos
Probada	Metilfenidato Dextroanfetamina Pemolina Imipramina y otros cíclicos Bupropión (anfebutamona) Clonidina
Posible	ISRS (fluoxetina, paroxetina, setralina, fluvoxamina), ISRSN (venlafaxina)
Información inconsistente	IMAOS, fenfluramina, litio, difenhidramina, antipsicóticos (tioridacina, pimocde), carbamacepina, ácido valproico

FÁRMACOS DE EFICACIA PROBADA

Existen dos grupos principales: los psicoestimulantes y las sustancias de estructura cíclica, originalmente empleadas como antidepresivos. Por supuesto hay múltiples protocolos para normar su empleo clínico, aunque la mayor parte de éstos tienen más similitudes que diferencias, y coinciden en que, de no existir contraindicaciones, debe prescribirse un fármaco psicoestimulante. De no obtenerse resultados satisfactorios, o bien, de provocarse efectos indeseables evidentes, es conveniente variar a un medicamento del grupo de los tricíclicos, particularmente la imipramina o el bupropión; si con este segundo intento no se obtiene un efecto adecuado sobre los síntomas, debe pensarse en la posibilidad de asociar dos medicamentos, uno de cada tipo.

93

FÁRMACOS PSICOESTIMULANTES

Hasta este momento se consideran las sustancias de primera elección para manejar trastornos de atención, y son sin duda las que cuentan con mayor experiencia controlada y documentada. Se trata de un grupo de sustancias cuya estructura química es similar a la de las catecolaminas, los neurotrasmisores del sistema nervioso periférico y del sistema nervioso central, que en el nivel del cerebro tienen como función regular la actividad de estructuras corticales y subcorticales desde zonas cerebrales más bajas. Dada esta estructura química, son capaces de ocupar los receptores para estas catecolaminas y adoptar algunos de sus efectos. Su prototipo es el sulfato de anfetamina y mediante modificaciones en esta molécula se han preparado sustancias con efecto anorexigénico que se emplean para el control del peso; también se ha elaborado una forma dextrógira de la anfetamina, la dextroanfetamina, que tiene mayor potencia estimulante.

Desde el punto de vista neuroquímico los psicoestimulantes tienen una doble acción: por una parte aumentan la liberación de noradrenalina y dopamina por las terminales sinápticas; por la otra, inhiben la recaptura de estas sustancias por las mismas terminales.

Estas sustancias fueron empleadas durante algún tiempo para combatir la fatiga, aumentar la iniciativa y el rendimiento, producir euforia e incrementar la actividad; sin embargo, su potencial adictivo provocó que se abandonaran estos usos y se reservaran para el control del apetito y el tratamiento de desórdenes de atención. Las tres sustancias más empleadas con este último fin han sido la dextroanfetamina, el metilfenidato y la pemolina. Sus efectos terapéuticos fueron identificados en cuanto se inició su prescripción; el propio Charles Bradley manifestaba su asombro por el cambio espectacular en la conducta y la marcada mejoría en el desempeño escolar. Este efecto ha sido consistente durante más de medio siglo y parece haber consenso entre los expertos en cuanto a que son los medicamentos de primera elección para el manejo de estos desórdenes (Wilens y Biederman, 1992; Cantwell, 1994; Silver, 1999; Weiss, 2000).

La tasa de respuesta para uno solo de estos estimulantes se estima en 70 %; ahora bien, cuando se combinan y se administran los tres de manera subsecuente a los pacientes que resisten a un primer e incluso un segundo ensayo, ésta se eleva hasta 90 % (Elia, 1993).

En cuanto a la falta de eficacia, tanto de los estimulantes como de otros fármacos utilizados para estos problemas, es muy importante tomar en cuenta que en primer término la dificultad para obtener una buena respuesta se debe a su empleo inadecuado; por esta razón es indispensable cerciorarse de que las instrucciones relativas a horarios, dosis y modo de administración hayan sido comprendidas y se estén cumpliendo cabalmente. En segundo lugar, siempre debe considerarse el tipo de respuesta que el paciente, sus padres, tutores y otras personas involucradas esperan del tratamiento, ya que las quejas de ineficacia se refieren muchas veces a que los problemas de aprendizaje no se han corregido o a que la conducta antisocial no se modifica, sin tomar en cuenta que estos fármacos son específicos para la tríada sintomática del trastorno.

En un excelente estudio de revisión de diversas fuentes realizado en 1996, Safer, Zito y Fine, de la Universidad Johns Hopkins, demostraron que entre 1990 y 1995 el uso de metilfenidato para trastornos de déficit de atención en Estados Unidos se incrementó 2.5 veces. Estimaron, además, que entre 50 y 60 % del total de los menores con este trastorno se hallaban bajo tratamiento con metilfenidato en 1995 y que en ese mismo año una población de entre 1.3 y 1.5 millones de personas recibían metilfenidato. Estos datos dan una idea del impacto y de la difusión del tratamiento con psicoestimulantes (cuadro 5.2).

Cuadro 5.2. Efectos específicos de los psicoestimulantes en niños con trastornos por déficit de atención e hiperactividad.

Efectos motores

Disminución de la actividad
Disminución de las conductas disruptivas ("parloteo en clase")
Mejoría de la escritura
Mejoría del control motor fino

Efectos sociales

Disminución de la agresividad
Mejoría de la capacidad para jugar y trabajar
Disminución de conductas de robo y destrucción
Mejoría en la interacción con la madre
Mayor tolerancia de padres y maestros
Disminución de conductas oposicionistas hacia los adultos

Efectos cognitivos

Mejoría en el nivel de atención
Mejoría en la memoria de corto plazo
Disminución de la distractibilidad
Disminución de la impulsividad
Aumento en la disposición para el trabajo académico

FUENTE:"Practice parameters for the assesment and treatment of children, adolescents and adults with attention deficit hiperactivity disorder", *J. Acad. Child and Adolesc. Psychiatry*, 1997.

Metilfenidato

Esta sustancia es la más ampliamente utilizada en el tratamiento de estos trastornos, a pesar de que apareció después de la dextroanfetamina. Esencialmente es un agonista de la trasmisión dopaminérgica (particularmente de los receptores D_4) y noradrenérgica cerebral. Diversos autores han propuesto que funciona en el nivel de las sinapsis del sistema dopaminérgico mesolimbocortical, cuyos cuerpos neuronales se hallan en la región ventral del tallo cerebral y envían fibras al diencéfalo, al núcleo *acumbens*, al bulbo olfatorio, al núcleo amigdalino, a las

las regiones septales y a la corteza frontal. A este sistema se le relaciona con los mecanismos cerebrales de reforzamiento primario, con el filtrado de información de regiones subcorticales a la corteza frontal y con el vínculo entre la respuesta emocional a esa estimulación y el movimiento, mediante el control de la parte anterior del cuerpo estriado. Por ello, a este circuito se le ha llamado el *sistema cerebral de recompensa.*

Al igual que el resto de los estimulantes, el metilfenidato incrementa el recambio de dopamina y por tanto la actividad de este sistema; como consecuencia de esta acción corrige el déficit de atención, incrementa los periodos de concentración, permite completar tareas y organizar el comportamiento y, de manera accesoria, produce control del movimiento, disminuyendo la inquietud y la impulsividad. Este fenómeno fue descrito por Paul Wender en 1971, quien aseguró que los menores que actuaban como si en su cerebro fallaran los mecanismos de condicionamiento operante, empezaban a responder positivamente a las recompensas al recibir estimulantes.

El metilfenidato se expende en tabletas de 10 mg y las dosis establecidas para su empleo en el tratamiento de estos problemas van de los 10 a los 60 mg al día. Los esquemas propuestos sugieren comenzar con dosis bajas, habitualmente de 2.5 a 5 mg por la mañana e incrementarlas lentamente, de 5 en 5 mg en dos tomas diarias, por la mañana y al medio día, hasta obtener una respuesta clínica satisfactoria. Las dosis promedio que alcanzan estos menores oscilan entre 20 y 30 mg al día. La sustancia suele administrarse en dos tomas ya que su fracción libre es de aproximadamente 85 % y apenas 15 % se une a proteínas plasmáticas, por lo que alcanza su máxima concentración sanguínea 60 minutos después de su administración y su vida media de eliminación oscila entre las cuatro y seis horas. Su administración con los alimentos no modifica su absorción.

Ahora bien, si se advierte la desaparición del efecto clínico en lapsos de cuatro horas o menores, es conveniente variar la prescripción y emplear dosis adicionales a media mañana e incluso a media tarde, de manera que eventualmente podrán administrarse tres y hasta cuatro dosis al día. Cabe mencionar que no es necesario administrar tomas nocturnas dado que no se requiere el control de los síntomas cuando el menor duerme, además de que el medicamento produce insomnio. Aunque en otros países se dispone de presentaciones de liberación prolongada de 20 mg, con las que casi siempre basta emplear una sola dosis por la mañana, en México no se cuenta aún con estos productos.

A pesar de que se le ha estereotipado absurdamente como: "droga", "estimulante" y "anfetamínico", y aunque se han difundido amplia y exageradamente sus efectos indeseables, al metilfenidato se le considera una sustancia bastante segura.

Entre sus efectos contrarios destacan, por su consistencia, la irritabilidad, la hipersensibilidad o labilidad emocional y la disforia, que de persistir más allá de las primeras semanas pueden ser un indicador de que la dosis es excesiva y debe reducirse, así como la boca seca y las ojeras, que generalmente desaparecen espontáneamente en un lapso de dos a cuatro semanas, además de la anorexia y la pérdida de peso, que también pueden desaparecer al cabo de unas cuantas semanas pero pueden ser algo más persistentes y que con frecuencia obligan a variar el régimen alimentario ofreciendo una comida más abundante por la noche, cuando el menor está libre del fármaco. También pueden presentarse dolor abdominal o dolor de cabeza, ambos leves y también transitorios, así como taquicardia, que en pacientes con problemas cardiológicos puede inducir arritmias, por lo que se ha sugerido evitar su empleo en estos casos. Se ha insistido mucho en los efectos del metilfenidato sobre las curvas normales de incremento de peso y talla en la infancia, y sobre los problemas de movimientos estereotipados (tics y enfermedad de Tourette). Más adelante se comentarán de manera más amplia estos dos aspectos.

Dextroanfetamina

Se trata de un isómero dextrógiro del sulfato de anfetamina que, dada esta característica química tiene mayor potencia. Se empleó en trastornos de atención después de la propia anfetamina y este uso ha sido muy difundido. Su acción y efecto terapéutico son similares a los propuestos para el metilfenidato y algo similar puede decirse de sus efectos indeseables, aunque se ha propuesto que tiene una mayor acción simpaticomimética y, por tanto, mayores efectos sobre la función cardiovascular.

Se ha empleado con buenos resultados en tabletas de 5 mg y en cápsulas de liberación prolongada con la misma concentración. Al igual que el metilfenidato, puede administrarse en dosis iniciales de 2.5 mg al día y se incrementa en forma progresiva hasta alcanzar la dosis útil, que en promedio oscila entre los 10 y los 15 mg al día; la dosis máxima recomendable es de 40 mg al día. Por sus características farmacocinéticas es conveniente administrarla en una sola ocasión por la mañana, pero, como en el caso del metilfenidato, pueden existir variaciones individuales y hay pacientes que requieren dos tomas al día.

Alcanza concentraciones plasmáticas útiles 20 minutos después de su ingestión. A diferencia del metilfenidato, que se ha preferido para niños de seis años en adelante, la dextroanfetamina se ha empleado en niños menores de cuatro años de edad.

Pemolina

La aparición de la pemolina y su empleo en trastornos de atención es más reciente que la de los dos medicamentos previos. Esta sustancia tiene una estructura química similar a la de los derivados de la feniletilamina, a su vez muy parecida a la de la anfetamina. De los tres fármacos descritos, este es el que parece tener mayor especificidad por las sinapsis dopaminégicas sobre las noradrenérgicas. Por lo demás, su mecanismo de acción y efectos tienen muchas similitudes. Algunos investigadores le han atribuido un efecto más específico sobre la coordinación motora, aunque el dato no es consistente.

Tiene una vida media de eliminación de 12 horas y sus concentraciones máximas en plasma se registran dos horas después de su administración. Se le ha descrito algún efecto de incremento sobre las enzimas hepáticas (TGO, TGP, DHL) y ocasionalmente en ictericia, por lo que en los menores o adultos bajo tratamiento es recomendable llevar a cabo pruebas de funcionamiento hepático cada seis meses y no emplearla en quienes tengan antecedentes o datos clínicos de disfunción o daño hepático.

Se administra en una sola toma por las mañanas y para algunos autores la aparición de su efecto terapéutico es algo más tardía que la de los otros estimulantes. No se dispone de este medicamento en México y en otros países se expende en cápsulas de 18.75 mg. Su rango de dosificación oscila entre 18.75 y 112.5 mg diarios, con un promedio de 37.5 mg. Algunos expertos han propuesto a la pemolina como la sustancia de elección para el tratamiento de portadores adolescentes y adultos.

ASPECTOS CONTROVERSIALES
DEL TRATAMIENTO CON ESTIMULANTES

Las controversias que han surgido hasta ahora en este campo pueden sintetizarse en ocho preguntas con sus respectivas respuestas:

¿Durante cuánto tiempo deben administrarse los estimulantes?

Parece estar suficientemente probado que el efecto de estas sustancias sobre la atención, la conducta y el desempeño es inmediato. Esto quiere decir que no puede predecirse si este efecto persistirá una vez suspendida la sustancia. Incluso se ha descrito de manera consistente un efecto de rebote, con exacerbación de los síntomas en las horas, días o semanas subsiguientes a la suspensión del tratamiento. En la actualidad puede decirse que el efecto se mantiene mientras se administra la sustancia, y el criterio para establecer el tiempo de tratamiento deberá basarse en la evolución del trastorno. Por otra parte, la identificación de formas residuales en la adolescencia y en la edad adulta ha echado por tierra definitivamente la creencia de que el trastorno por déficit de atención y su tratamiento farmacológico concluyen con la aparición de la pubertad y en una proporción importante de casos, cercana probablemente a la mitad, resultan muy útiles los tratamientos a largo plazo.

¿Qué efectos producen los estimulantes sobre el crecimiento?

Esta preocupación surgió partir de un primer informe de Safer, Allen y Barr en 1972, en el que se encontró disminución de las curvas de peso y talla esperadas para su edad específica en 29 niños en tratamiento con estimulantes. Se hablaba hasta de 3 cm por año en menores que se encontraban en tratamiento por periodos de tres años o más y la tendencia fue más evidente con dextroanfetamina que con metilfenidato; con esta última se observó únicamente al emplear dosis de 30 mg o más al día. Más adelante, no fue posible detectar estos problemas en periodos de tratamiento de hasta un año (Gross, 1976) y algunos investigadores documentaron el incremento de peso y talla a manera de "rebote" en niños que suspendían el tratamiento durante las vacaciones de verano (Gittelman, 1988).

Trabajos posteriores han encontrado que este fenómeno de rebote se presenta al suspender definitivamente el tratamiento y no ha sido posible encontrar desviaciones en el crecimiento al comparar poblaciones de adultos tratados con estimulantes durante la infancia y adolescencia, con poblaciones de no tratados (Gittelman, 1989). Este efecto sobre el crecimiento se ha atribuido a que los estimulantes modifican el ritmo circádico de secreción de la hormona del crecimiento (Greenhill, 1977; Jensen y Garfinkel, 1978), sin modificar la cantidad y actividad total de la hormona y, por consiguiente, la talla.

¿Ejerce el tratamiento algún efecto sobre el aprendizaje?

Puede afirmarse que no es así y que en todo caso, los menores con trastornos de aprendizaje que no tienen un desorden de atención no resultarían beneficiados con este tipo de tratamiento. El efecto del tratamiento sobre el desempeño escolar parece ser claramente consecutivo a la mejoría en la atención, la posibilidad de concentrarse y completar tareas, con la consecuente motivación.

101

¿Puede considerarse "paradójico" el efecto de los estimulantes sobre la inquietud y la impulsividad?

Este concepto surgió de la concepción clásica de las anfetaminas como estimulantes e incluso de sus efectos negativos como drogas de abuso. Lo paradójico estaba en la mejoría de la hiperactividad con sustancias excitantes, que pudiera hacer diferente o atípica la respuesta de los cerebros de los portadores a estos fármacos. Sin embargo, estudios realizados en niños, adolescentes y adultos sin déficit de atención y a los cuales se administraron estimulantes, reportan que su concentración y desempeño al realizar tareas específicas mejoró también con estas sustancias.

El énfasis en el déficit de atención como elemento básico del problema y la reconsideración acerca de muchos de los supuestos efectos negativos de las anfetaminas han hecho que la aparente tranquilidad de los menores se atribuya al efecto de los estimulantes sobre la atención, desechando este planteamiento de lo "paradójico".

¿Puede hablarse de especificidad neuroquímica de los estimulantes en el manejo de trastornos de atención?

Hasta el momento sí, sobre todo si se toma en cuenta que los modelos genéticos, imagenológicos y neuroquímicos para estas enfermedades se refieren a áreas del cerebro que funcionan con catecolaminas, especialmente dopamina, como asiento de la disfunción; los receptores específicos de éstas son ocupados por estos medicamentos.

¿Existe el riesgo de adicción en el tratamiento con estimulantes?

No se ha informado acerca de problemas adictivos después de seis décadas de emplear los estimulantes con este fin. Tampoco es posible documentar tolerancia y algunos expertos prefieren hablar de "habituación" para referirse a la disminución de la severidad de los efectos indeseables y a las oscilaciones que el efecto terapéutico sufre a lo largo del tiempo. Sin embargo las evidencias apuntan a la persistencia de este efecto y a que en los pacientes tratados no disminuya la eficacia de los fármacos, empleando las mismas dosis muchas veces durante años.

Tampoco ha sido posible encontrar un síndrome supresivo y la información acerca del rebote documenta un deterioro del comportamiento y la adaptación durante un periodo no mayor de una hora después de suspender el estimulante. Por los demás, quienes dejan el tratamiento parecen tener las mismas dificultades adaptativas que tenían antes de iniciarlo.

Es conveniente agregar que tanto los psicoestimulantes como muchos otros medicamentos pueden ser utilizados como drogas de abuso, en dosis mayores que las recomendadas para su uso médico, en combinación con otras drogas, o por vías de administración inadecuadas (se han reportado casos de inhaladores de metilfenidato, sobre todo, en Estados Unidos). Sin embargo, esta posibilidad de abuso de ninguna manera invalida la seguridad y utilidad de estas sustancias.

¿Son convenientes los tiempos libres o de descanso del tratamiento?

La idea de que es útil interrumpir el tratamiento de manera intermitente, durante los fines de semana y las vacaciones, en el verano, semana santa o diciembre, se ha desprendido de la documentación de efectos indeseables, sobre todo a largo plazo, así como del fantasma de la dependencia. Si bien, por una parte la meta del tratamiento tiene que ver con el comportamiento del menor en el salón de clases, con su rendimiento académico (Evans y Pelham, 1991) y con su productividad en general (Swanson, 1991), está suficientemente documentado que los menores con problemas de conducta como la agresividad, oposicionismo, e incluso inadaptación a actividades durante el tiempo libre como los deportes y otros juegos, mejoran en estas áreas con el tratamiento farmacoló-lógico. Por ello hay expertos que plantean que la utilidad de los medicamentos no puede restringirse al ámbito escolar (Cantwell, 1994; Silver, 1999). En resumen, en tanto no ha sido posible documentar problemas definitivos del crecimiento como consecuencia del tratamiento con estimulantes, no parecen existir argumentos sólidos a favor de estos descansos.

¿Existe alguna relación entre los fármacos estimulantes y la aparición de tics y otros movimientos estereotipados?

Este sigue siendo un punto controvertido; sin embargo, es frecuente que los menores con trastornos de atención que son referidos para tratamiento desarrollen además tics motores o vocales y que dichos tics empeoren cuando reciben estimulantes (Denckla, 1976; Golden, 1977). Algunos autores como Lowe (1982) llegaron a afirmar que ante la presencia de tics, trastorno de Tourette o antecedentes familiares de ello, estos fármacos deben considerarse contraindicados.

Sin embargo, expertos como Shapiro y Shapiro, y Commings y Commings (1987) han minimizado la trascendencia de la asociación y la han atribuido al empleo de dosis altas de estimulantes por periodos prolongados, generalmente mayores de dos años. En vista de la tendencia familiar que tienen los tics, este tipo de antecedente debe siempre documentarse y tomarse en cuenta al decidir sobre el manejo farmacológico. Datos recientes (Gadow, 1995) han documentado que los menores que desarrollan movimientos estereotipados o los empeoran con el tratamiento con estimulantes regresan a la condición basal aun cuando se sigan administrando estos fármacos. De no ocurrir así, parece más recomendable adicionar tratamiento para los tics con haloperidol o pimocide y mantener el que ya se había abordado para el déficit de atención. En estos casos también existe la posibilidad de emplear sustancias de tipo tricíclico o bupropión.

Uso de estimulantes en
ADOLESCENTES

Existen casos de portadores de desórdenes de atención cuyo problema se detecta por primera vez durante la adolescencia, de manera que deberá considerarse la posibilidad de iniciar tratamiento farmacológico a esta edad. Esta situación se presenta sobre todo en niños que crecen en ambientes excesivamente tolerantes; en quienes predomina el problema de atención sobre la hiperactividad-impulsividad y cuya conducta no resulta tan disruptiva; en el caso de pacientes del género femenino; o bien, en situaciones en las que, por error diagnóstico, los trastornos adaptativos de los menores se atribuyeron a otras condiciones como ansiedad o trastornos afectivos.

El diagnóstico de un trastorno de atención durante la adolescencia puede ser difícil, en ocasiones porque los padres y maestros del menor atribuyen la distractibilidad al supuesto de que en esa edad los individuos son "soñadores"; o bien atribuyen la conducta disruptiva a la edad y a los cambios hormonales. Es necesario recordar, además, que el patrón sindromático de la enfermedad presenta algunos cambios en esta edad, en la cual la hiperactividad no es tan evidente, sino que predominan los problemas de atención y hay conflictos sobre todo con la organización y la capacidad de ejecución, así como labilidad emocional. Además, el hecho de que los muchachos tengan no uno sino varios maestros complica las cosas, ya que en general tienen menos oportunidades de supervisión directa.

A diferencia del manejo en niños, el adolescente debe participar en el tratamiento, y para involucrarlo se requiere un esfuerzo terapéutico y educativo adicional, para el cual son de gran utilidad las siguientes consideraciones:

a) Los adolescentes deben estar informados de su condición y de las ventajas del tratamiento con fármacos; deben, además, ser capaces de percibir la mejoría y dichas ventajas.

b) Deben participar en la decisión de recibir tratamiento.

c) Es necesario que tengan una participación activa en el tratamiento, advirtiendo y reportando su condición antes y después de iniciado y siempre que sea posible deben manejar el medicamento.

Por tanto, hay situaciones en las que se contraindica el uso de fármacos:

a) Que el menor y/o sus padres perciban que el tratamiento es una medida extrema o de tipo coercitivo o punitivo.
b) Percepción del menor de que el tratamiento es una estrategia de control paterno.
c) Rechazo del tratamiento por parte del adolescente.
d) Familias seriamente disfuncionales, ambientes caóticos y falta de apoyo e incluso maltrato al adolescente.
e) Problemas de comorbilidad que comprometan la evolución y los resultados, tales como trastornos de personalidad, especialmente los patrones limítrofe y antisocial; trastornos por ansiedad, en especial las crisis de angustia, así como anorexia nerviosa.

Las dosis empleadas en adolescentes son muy similares a las de los escolares; de la misma manera es conveniente emplear dosis bajas de inicio, por ejemplo 5 mg al día para el metilfenidato. A esta edad es importante que el paciente esté al tanto de la posibilidad de rebote después de la última dosis del día; además, es necesario tener especial cuidado con los problemas de abuso de drogas, que también podrían comprometer la respuesta. Por ejemplo, el uso de mariguana y la distractibilidad que ocasiona pueden ser un buen ejemplo de esta situación.

Los efectos indeseables son muy similares a los que se presentan en los niños, aunque debe tenerse especial cuidado con la irritabilidad consecutiva al estimulante, que puede llevar a contraindicar su empleo. Como segunda elección, los tricíclicos o el bupropión son buenas alternativas.

FÁRMACOS TRICÍCLICOS Y BUPROPIÓN

Los antidepresivos tricíclicos ocupan el segundo lugar como medicamentos con experiencia documentada en el tratamiento de trastornos de atención y como opción cuando los estimulantes no consiguen revertir los síntomas o sus efectos indeseables. Su eficacia sobre el síndrome de distractibilidad, inquietud e impulsividad se encuentra bien demostrada (Biederman, 1989; Pliska, 1987) y a pesar de que se trata de sustancias antidepresivas, es claro que su utilidad va mucho más allá de su efecto sobre la ansiedad y la depresión cuando estos problemas se hallan conjuntamente presentes con el problema primario (Huessey y Wright; Elia, 1991). Se les puede emplear también en combinación con los estimulantes para tratar de potenciar su efecto.

En concordancia con los modelos neuroquímicos que explican el desarrollo de los síntomas, se propone que los antidepresivos de estructura tricíclica, fundamentalmente la imipramina y la desimipramina, incrementan la actividad de la noradrenalina cerebral mediante la inhibición de su recaptura por la terminal presináptica.

Algunos autores, Larry Silver entre ellos (1999), han propuesto que estas sustancias no modifican la tríada sintomática completa y que tienen alguna selectividad por la hiperactividad y la inatención, con un efecto pobre sobre la impulsividad. Se emplean en pacientes mayores de seis años de edad, y a diferencia de los estimulantes, puede tomarse de una a cuatro semanas para apreciar los resultados.

En vista de que pueden tener efecto sedante sobre los usuarios, es aconsejable administrar estos medicamentos en una sola dosis por la noche; considerando sus características farmacocinéticas, especialmente su vida media de eliminación, este horario no ofrece mayores inconvenientes en cuanto a sus efectos; sin embargo, de ser necesario pueden emplearse también en dos tomas diarias, una por la mañana y otra por la noche. El rango de dosificación para la imipramina y la desimipramina oscila entre los 10 y los 150 mg al día, y las dosis promedio se hallan entre 50 y 75 mg. Se ha sugerido no aumentar la dosis diaria más allá de 5 mg por kg de peso en menores de 12 años.

En general, estas sustancias son bien toleradas y se considera que la sedación es su efecto indeseable más frecuente y molesto. Es posible también que provoquen boca seca, mareo, taquicardia, aumento de peso e hipotensión ortostática, debido a su acción sobre diversos sistemas de neurotrasmisión; estos efectos indeseables limitan su prescripción. La taquicardia y la posibilidad de que provoquen arritmias en pacientes susceptibles los hace poco recomendables en cardiópatas, entre los que se han reportado cinco casos de muerte súbita (Riddle, 1991, 1993; Popper y Zimnitzky, 1995) en niños que recibían desimipramina. Como resultado de ello, algunos clínicos han recomendado el empleo exclusivo de imipramina.

Quienes recomiendan estas sustancias hablan de una eficacia de 70 %, empleando dosis equivalentes de 5 mg por kg de peso diarios de desimipramina, con niveles sanguíneos de entre 100 y 300 mg por ml (Plizska, 1987, Biederman, 1989). Es posible que los portadores de trastornos de atención que presentan un trastorno ansioso o depresivo en comorbilidad respondan mejor a los tricíclicos que a los estimulantes.

A diferencia de los fármacos anteriores, el bupropión (anfebutamona) actúa preferentemente inhibiendo la recaptura de noradrenalina y aumentando la disponibilidad sináptica de este neurotrasmisor. Se ha empleado, sobre todo, en adolescentes y adultos, en quienes, según diversos ensayos clínicos, se ha comprobado su eficacia; aunque ésta no ha sido catalogada como sólida (Graham y cols., 1999), sobre todo si se toma en cuenta que la experiencia con bupropión se inició en 1986 (Simeon y cols.) con un primer ensayo de ocho semanas en 17 preadolescentes, en los que se reportó mejoría significativa con escasos efectos indeseables.

Más adelante (Casat y cols., 1989), esta mejoría se corroboró en un ensayo doble ciego con 30 niños, aunque los autores consideraron que su eficacia era menor a la de los estimulantes. En contraste con esta opinión, también en un ensayo doble ciego, Barrickman (1995) encontró que era comparable con la del metilfenidato. Conners (1996) ha demostrado su eficacia en un estudio multicéntrico en el que lo compara con placebo.

Pueden prescribirse entre 75 y 450 mg diarios de este fármaco (3 a 7 mg por kg de peso), en una o dos tomas al día. Se han ponderado sus escasos efectos indeseables, los cuales son menos evidentes que los de los tricíclicos. Ahora bien, no es recomendable el uso de este grupo de medicamentos en menores con antecedentes de epilepsia.

En este grupo es posible incluir, aunque con ciertas reservas, a la clonidina. Esta sustancia es un agonista del receptor alfa-2 presináptico en los sistemas noradrenérgicos, lo que lo hace un regulador "a la baja" de la liberación de noradrenalina, particularmente en el *locus ceruleus*, lo que ha justificado su empleo para el tratamiento de la hipertensión arterial en adultos. Se ha utilizado en diversas condiciones neurológicas y psiquiátricas en niños, entre ellas los tics, la agresividad y los desórdenes de conducta, los trastornos de sueño, el trastorno por estrés postraumático y formas inespecíficas de retraso en el desarrollo.

También se le ha empleado para el tratamiento del trastorno por déficit de atención, solo o en combinación con algún otro medicamento, por lo general, un estimulante como el metilfenidato, al cual se le han encontrado ventajas en la mejoría de la inatención y la agresividad. Es notable la manera en que la prescripción de clonidina para desórdenes de atención ha ido aumentando en Estados Unidos, en donde diversos autores (Connor, Fletcher, Swanson, 1999) reportan que el número de prescripciones creció de 20 000 en 1990 a más de 150 000 en 1995, apenas cinco años más tarde.

En otro orden de ideas, existe experiencia documentada que sostiene las ventajas de emplear clonidina en menores en quienes el trastorno de atención se presente en comorbilidad con un problema de tics o un trastorno de Tourette.

Recientemente se ha publicado un informe metanalítico (Connor y cols., 1999) que incluyó 11 estudios con fundamentos metodológicos rigurosamente revisados, que demuestra el efecto positivo de la clonidina en los síntomas del trastorno de atención y cataloga la magnitud de este efecto como moderada, de acuerdo con la opinión de clínicos, padres y maestros al comparar su eficacia con la de los antidepresivos tricíclicos; sin embargo, el estudio concluye que la efectividad de la clonidina es menor que la de los estimulantes y sugiere que se le considere un tratamiento de segunda elección. En esta última sugerencia se ha tomado en consideración la elevada frecuencia de efectos colaterales, entre los que destacan la sedación y la irritabilidad.

FÁRMACOS POSIBLEMENTE EFICACES

Los resultados positivos que se han observado con algunos ensayos controlados de diversas sustancias permiten proponer que éstas pueden ser eficaces en el tratamiento de los trastornos de atención e hipercinesia. Sin embargo, no es posible asegurar dicha eficacia en vista de que esta experiencia controlada no se encuentra aún suficientemente apoyada. En esta situación se encuentran fármacos como los inhibidores selectivos de la recaptura de serotonina, fluoxetina, paroxetina, sertralina y fluvoxamina, sobre los que hay algunos informes de respuesta positiva (Barrickman, 1991) que los encuentran útiles para tratar síntomas comportamentales y afectivos.

Gammon y Brown (1993) emplearon fluoxetina asociada a metilfenidato en 32 portadores en tratamiento, en quienes había una alta frecuencia de depresión asociada; los resultados arrojaron una evidente mejoría en ambos problemas. Esta conclusión resulta interesante porque consigue separar el efecto de los estimulantes sobre la tríada del trastorno de atención, del efecto de la fluoxetina sobre el trastorno afectivo asociado. Además, debe tomarse en consideración que algunas catecolaminas como la noradrenalina y la dopamina han sido fuertemente implicadas en la patogenia del problema, pero este no es el caso de los sistemas de serotonina.

Dentro de este grupo existe también experiencia clínica en el empleo de venlafaxina en niños, adolescentes y adultos con trastorno por déficit de atención, aunque debe reconocerse que es aún limitada. Se considera a la venlafaxina un fármaco inhibidor selectivo de la recaptura de serotonina y noradrenalina (ISRN); el calificativo de selectivo se refiere a su escasa acción sobre otros sistemas de neurotrasmisión. Algunos autores (Bolden-Watson y Richelson, 1993) han señalado que esta doble inhibición de recaptura, que incluye a la serotonina y la noradrenalina, ha sido verificada *in vitro* y que no es claro que *in vivo* tenga más propiedades sobre la noradrenalina que los ISRS. De cualquier manera, esta posible acción sobre el sistema noradrenérgico ha sido lo que ha atraído el interés por esta sustancia en los trastornos de atención.

Las primeras experiencias con este fármaco en los trastornos de la atención se llevaron a cabo en adultos (Reinharr, 1995;

Adler, 1995; Findling), en ensayos abiertos a dosis aproximadas de 110 mg al día; permitieron documentar una disminución de los síntomas en una proporción aproximada de 45 % en alrededor de dos terceras partes de los casos.

En un primer estudio realizado por Pleak y Gormly en 1995 se obtuvo respuesta positiva hacia este medicamento por parte de un niño de 11 años de edad, tratado con dosis de 225 mg al día; por otro lado, en un ensayo abierto a cinco semanas (Olvera, Pliszka, Luh y Tatum, 1996) que incluyó 16 casos de niños y adolescentes con una edad promedio de 11.6 años, que recibieron una dosis promedio de 60 mg diarios, se encontró mejoría en los síntomas comportamentales en una proporción de 44 %, pero se señaló que no ocurrió lo mismo con los síntomas cognitivos y que la cuarta parte de la muestra abandonó el estudio debido a los efectos indeseables de la sustancia, entre los que destacaron el mareo, la irritabilidad y la náusea.

FÁRMACOS CON EXPERIENCIA INCONSISTENTE

En este grupo se incluyen sustancias acerca de las cuales hay un número aún menor de informes favorables y cuyos beneficios no parecen ser tan claros. Por ejemplo, los inhibidores de la monoaminoxidasa, y en particular a la clorgilina, que Zametkin (1985) reportó como igualmente eficaz que la dextroanfetamina. En adición, se cuenta con algunas evidencias favorables más o menos recientes con moclobemide (Trott, 1991; Barrickman, 1995; Adler, 1995), aunque ninguna impresionante en cuanto a sus resultados.

También existen ensayos abiertos y doble ciego con selegilina y pargilina que no logran distinguir su efecto del placebo, pero ninguno se halla disponible en México (Bender, 1983; Wood, 1983; Ernst, 1996). Es posible incluir, asimismo, a la fenfluramina (Cantwell, 1994) y a estabilizadores del humor como el litio, la carbamacepina y el ácido valproico, en especial en portadores del síndrome de descontrol episódico o trastorno explosivo intermitente. Finalmente, hay informes de empleo de antipsicóticos para algunos síntomas tales como la agresividad o la inquietud excesiva, particularmente la tioridacina, sin embargo, no ha sido posible documentar algún efecto de estos medicamentos sobre la discapacidad de atención, el fenómeno psicopatológico básico en este momento y si se considera que su efecto benéfico puede deberse a tranquilidad por depresión del sistema nervioso y sedación, es posible que su influencia sobre la atención sea, incluso, desfavorable (cuadro 5.3).

Cuadro 5.3. Efectos indeseables de los fármacos empleados en el tratamiento de los trastornos de atención.

Fármacos	*Efectos*
Estimulantes	Irritabilidad, hipersensibilidad emocional, disforia, boca seca, ojeras, anorexia, pérdida de peso, dolor abdominal, cefalea, modificaciones en la curva de crecimiento
Cíclicos (imipramina y otros)	Boca seca, sedación, mareo, taquicardia, insomnio, arritmia cardiaca

TRATAMIENTO FARMACOLÓGICO EN ADULTOS

Emplear fármacos para el tratamiento de adultos con trastornos de atención puede ser una decisión difícil. Algunos criterios que pueden ser de utilidad incluyen la severidad de los síntomas y las dificultades adaptativas que generan, la presencia de trastornos en comorbilidad, la posibilidad de llevar a cabo otras modalidades de intervención no farmacológica y su eficacia, así como la aprobación del paciente.

Al igual que ocurre con los niños, los psicoestimulantes y en especial el metilfenidato son los medicamentos con los que se ha experimentado más y a los que consistentemente se ha considerado más eficaces. Las dosis son algo mayores que las aceptadas para niños y muestran algunas variaciones de acuerdo con el criterio de diferentes autores y ensayos. Esta información se muestra en el cuadro 5.4.

Cuadro 5.4. Dosis de metilfenidato en adultos.

Estudio	Dosis
Ernst, Zametkin y Matochik	60 mg al día en dos o tres tomas
Wender, Wood y Reimherr	40 mg al día
Wood, Reimherr, Wender y Johnson	Menos de 60 mg al día
Wender y Reimherr	40 a 80 mg al día
Matochik, Liebenauer y Zametkin	28 mg al día en promedio
Gualteri, Ondruseky y Finley	0.1 a 0.5 mg por kg de peso
Varley	10 a 60 mg por día
Fargason y Ford	20 a 90 mg al día

La dextroanfetamina también se considera útil para el tratamiento de adultos y su dosis máxima diaria es de 30 mg; lo mismo ocurre con la pemolina, con un máximo de 225 mg diarios. Algunos informes han señalado a la hipertensión arterial como una posible complicación por el empleo de estimulantes en adultos, así como alteraciones hepáticas de 1 a 2 % de los pacientes tratados con pemolina. No se reconoce potencial ni riesgo adictivo a estas sustancias. Los medicamentos tricíclicos y otros antidepresivos tales como el bupropión y la venlafaxina son otra opción a la que frecuentemente se recurre. Finalmente, hay que aclarar que su utilidad no se encuentra bien documentada y el consenso general es que requieren de un mayor número de estudios doble-ciego controlados con placebo.

TERAPIAS PSICOLÓGICAS

Diversos organismos y grupos de expertos han reconocido durante la última década que el manejo de los desórdenes de atención requiere del empleo de múltiples alternativas de tratamiento, organizadas y combinadas en un programa (American Academy of Child and Adolescent Psychiatry, 1991; Deborah Jacobvitz, 1989; Brasswell, 1991; Swanson, 1992; Hechtman, 1993; Pelham, 1994; Cantwell, 1996).

De acuerdo con Jacobvitz (1989), el empleo de tratamiento farmacológico de manera exclusiva puede ser severamente cuestionado; esta afirmación se basa en argumentos como los efectos de los medicamentos, definitivamente a corto plazo, los cuales no parecen modificar las condiciones de los portadores del trastorno a largo plazo, la heterogeneidad de situaciones clínicas, familiares, escolares y sociales de los menores a quienes se diagnostica esta condición, las evidencias escasas de efectos de los fármacos sobre habilidades cognitivas tales como razonar, aprender y resolver problemas, e incluso las frecuentes negativas de los padres al empleo de medicamentos psicoactivos. A los programas de tratamiento que combinan alternativas de intervención médica con intervenciones psicosociales en forma multidisciplinaria se les conoce como *tratamientos multimodales*.

Entre las diversas modalidades de alternativas psicológicas para el tratamiento de estos problemas destacan las siguientes:

Entrenamiento cognitivo-conductual

Sus beneficios se basan en la posibilidad de intervenciones de corto plazo, en escenarios controlados y considerando que los menores afectados tengan problemas con las habilidades sociales en general, y de manera particular, con las de autocontrol. Con estos pacientes se ha empleado el entrenamiento en autoinstrucción, mediante el cual se les enseña cómo controlar su conducta por medio de lenguaje interno para disminuir la impulsividad y favorecer la concentración. Los programas de entrenamiento en habilidades sociales van dirigidos a la inserción del niño o el adolescente a grupos, así como al desarrollo de habilidades de comunicación y solución de problemas.

Sin embargo, estos programas han sido objeto de críticas porque, al igual que sucede con los fármacos, los resultados obtenidos son de corto plazo si la terapia se suspende y las modificaciones permanentes no son satisfactorias. Con el propósito de generalizar los cambios debe insistirse en el entrenamiento en estas técnicas a los padres, los maestros y otros cuidadores. Los estudios que intentan documentar una mejor evolución de los portadores tratados con fármacos y terapia cognitivo-conductual en forma combinada se han topado con dificultades metodológicas y han arrojado información poco consistente. En muchos es posible encontrar mayor mejoría en quienes reciben fármacos y terapia cognitiva al compararlos con los que sólo reciben fármacos, pero en general estas diferencias han sido poco significativas.

En vista de las limitaciones en las habilidades sociales en los menores afectados, así como de las dificultades que les ocasionan en sus relaciones interpersonales, especialmente con sus padres, se han desarrollado múltiples programas de entrenamiento en habilidades sociales que desde luego comparten similitudes. El cuadro 5.5 incluye un ejemplo típico.

Cuadro 5.5. Programa típico de entrenamiento en habilidades sociales.

Etapa 1. Advirtiendo las dificultades para socializar	La inatención e impulsividad impiden que el afectado advierta sus dificultades de socialización Los afectados pueden proyectar su problema y atribuirlo a los demás Deben evaluarse habilidades como el tono de voz, el contacto visual, la expresión facial y el lenguaje corporal, enfatizando la importancia de darse cuenta de ellos, en el afectado y en otras personas, así como en el efecto de estas habilidades en los demás Se inicia con trabajo individual y se pasa luego al trabajo grupal; puede emplearse el juego de roles
Etapa 2. Generando alternativas de solución	Se trabaja mediante ejercicios vivenciales en grupo, en los que se ponen en juego y se discuten las habilidades, sus ventajas y desventajas en relación con su impacto, reforzándolas durante la práctica
Etapa 3. Aprendiendo alternativas	Se trabaja paso por paso en el aprendizaje de las habilidades que se han exhibido, discutido y consensado Es muy útil hacerlo enfrentando problemas cotidianos que deben manejarse mediante estas habilidades Se practican en el grupo hasta generalizarlas

Cuadro 5.5. (*Continuación.*)

Etapa 4. Ligando las alternativas a situaciones cotidianas	Se trata de llevar lo aprendido fuera del grupo y del ambiente controlado, para enfrentar problemas de manera individual y en situaciones reales Se programan reuniones de seguimiento para discutir los obstáculos y los logros

Terapia de rehabilitación conductual

Las técnicas son muy variadas y habitualmente incluyen el manejo de contingencias, medidas como la tarjeta de informe diario del maestro acerca del desempeño escolar, así como el uso de reforzadores claros, tangibles y de efecto inmediato. En este tipo de programas es fundamental el control que pueda tenerse del ambiente escolar, particularmente del salón de clases, el número de alumnos y la presencia de distractores, así como el lugar que debe ocupar el afectado, preferentemente en primera fila y frente al maestro. En estas técnicas, tales como el reforzamiento, la extinción, el moldeamiento, el tiempo fuera e incluso programas más complicados como la economía de fichas, reservada en principio para emplearse en ambientes controlados, deben participar los padres y otros parientes por todo lo que se refiere al ambiente extraescolar, para lo cual deben recibir el entrenamiento necesario.

Tratamiento de la discapacidad perceptomotora

Incluye técnicas que mejoran la atención mediante su ejercicio sistemático y progresivo, encaminadas a la maduración psiconeurológica; atiende también las dificultades perceptuales y de coordinación motora. El manejo de los problemas de atención mediante técnicas computarizadas también es efectivo, siempre que se disponga de la tecnología. La biorretroalimentación por electroencefalografía, aún en desarrollo, es un buen ejemplo de este tipo de técnicas. Lubar (1985, 1989, 1991, 1992, 1993) está considerado como el pionero en el desarrollo de estas técnicas, cuya meta es entrenar al niño afectado para que disminuya la amplitud y la frecuencia de las bandas cerebrales theta e incremente la actividad de la banda beta en su registro electroencefalográfico realizando actividades que exigen coordinación perceptomotora. La buena evolución del tratamiento se determina en tanto más se parecen los ritmos cerebrales a los de un niño normal.

Psicoterapia para trastornos emocionales

Va dirigida a detectar y tratar las repercusiones emocionales del trastorno, la ansiedad y la depresión. Pretende mejorar la autoestima del menor y su concepto de sí mismo, por medio del entendimiento de su condición peculiar o diferente de la de otros. Aborda también la descalificación social de que ha sido objeto y las habilidades que debe desarrollar para revertirla.

APOYO PEDAGÓGICO

Ya se han descrito las complicaciones en el aprendizaje escolar y los programas académicos, que con elevada frecuencia afectan a los menores con trastornos de atención. Esta asociación exige la atención a los problemas académicos de quienes asisten a la escuela y son portadores del desorden de atención. Es importante hacer notar que para muchos expertos la escuela puede considerarse el ámbito de manejo más importante, y a partir de la ayuda farmacológica y psicológica se debe buscar la adaptación a la escuela y el rendimiento académico adecuado.

En algunos países existen aulas e incluso planteles con instalaciones, organización y personal docente especializados en el manejo de niños y adolescentes con estos trastornos. Éste, por supuesto, no es el caso de México y es necesario considerar que quienes sufren de déficit de atención e hipercinesia deben asistir a escuela regular, por lo que la alternativa de la educación especial debe reservarse para aquellos que tienen además algún grado de déficit intelectual que lo amerite.

TERAPIA FAMILIAR

Si se parte de la elevada frecuencia con la que aparecen diversos desórdenes mentales en los familiares de quienes están afectados por trastornos de atención y de las dificultades de adaptación al ámbito familiar que conlleva este problema, es fácil comprender que en algunas familias afectadas sea necesaria la intervención terapéutica en este nivel. Dicha intervención debe basarse en el diagnóstico preciso de una disfunción, y de ninguna manera implica atribuir el origen de los síntomas del menor afectado a dicha disfunción ni pretender que por el solo hecho de tratar a la familia los síntomas mejorarán. Por el contrario, la terapia familiar, cuando es necesaria, debe formar parte del conjunto de modalidades que deben ofrecerse y que seguramente contribuirá a la adaptación y al desempeño de los niños y adolescentes con estos problemas.

EFICACIA DEL TRATAMIENTO

No es fácil aplicar el concepto de eficacia a los diversos métodos mencionados. En el apartado de los psicoestimulantes se comentó cómo el hecho de considerar eficaz a un fármaco podía depender de las expectativas del usuario, o más frecuentemente, de sus padres o tutores. Uno de los aspectos más importantes en relación con la mejoría que pueden presentar las personas afectadas por trastornos de atención es, sin duda, la comorbilidad.

Si, como se ha señalado, los estimulantes son útiles para la tríada sindromática que caracteriza al problema, habrá quienes consideren además las diversas patologías que se le agregan, tales como las dificultades de lectura, escritura y cálculo, la ansiedad y la depresión, los problemas de coordinación motora, o la conducta disocial, así como el efecto de los fármacos sobre ellas tiene obvias limitaciones. Las evaluaciones sistemáticas practicadas a cada caso durante el tratamiento deben entonces considerar diversas áreas y distinguir los diversos medios para atender las diferentes áreas y patologías.

Aun después de haber hecho las consideraciones anteriores, la importancia del tratamiento farmacológico no puede soslayarse;

entre los múltiples ensayos que dejan en claro sus ventajas destaca el estudio más reciente del *National Institute of Mental Health* de Estados Unidos, que mediante trabajo multicéntrico analiza los efectos del llamado tratamiento *multimodal*. El propósito del estudio consistió en comparar la eficacia del tratamiento farmacológico y el manejo conductual; incluyó a 579 niños de entre siete y 9.9 años de edad, asignándolos a cuatro diferentes grupos:

- Manejo farmacológico.
- Terapia conductual intensiva (con el paciente, con sus padres y en la escuela).
- Manejo farmacológico + terapia conductual intensiva.
- Tratamiento mediante apoyo comunitario.

Cada grupo fue evaluado en situación basal a los tres, nueve y a los 14 meses. Los grupos 1 y 3 mostraron una mejoría significativamente mayor que los 2 y 4. Al comparar entre sí los grupos 1 y 3, los menores que recibieron terapia farmacológica y terapia conductual intensiva mostraron mayor mejoría que los que sólo recibieron fármacos, pero esta diferencia no fue significativa.

6

Psicoeducación

NUEVOS PARADIGMAS

El manejo de la enfermedad ha cambiado con los años y en el campo de la patología mental se está experimentando una transformación del viejo estilo de hacer medicina hacia la comprensión y satisfacción de quienes solicitan los servicios médicos.

Tradicionalmente, el enfermo, quien solicitaba de los servicios de los profesionales de la medicina, se convertía en paciente. Debía, pues, comportarse de acuerdo con una doble acepción de esta palabra: tener paciencia y adoptar un papel esencialmente pasivo. El médico interrogaba, cavilaba, exploraba y formulaba un diagnóstico, a partir del cual proponía un tratamiento. Desde luego que se valía preguntar y tanto el paciente como sus familiares podían externar sus dudas acerca de lo que ocurría y lo que se iba a hacer, siempre y cuando esto no llevara demasiado tiempo al médico ni pusiera a prueba su tolerancia.

De cualquier manera no importaba mucho si el enfermo y su familia entendían el significado de los complicados términos utilizados para llamar a los síntomas y a las enfermedades, los nombres y mecanismos de los medicamentos, así como sus efectos adversos, los cuales debía tolerar para demostrar que era un buen paciente.

En la actualidad las cosas son de otra manera; la enfermedad mental rebasa el límite de lo individual y se convierte en asunto fa-

123

miliar; el enfermo y su familia quieren saber qué sucede y a qué deben atenerse, por lo que comienzan a exigir explicaciones claras e instrucciones precisas más allá de qué tomar o cómo tomarlo. Esta nueva necesidad está obligando a que se recupere uno de los quehaceres esenciales del médico: la educación.

ANTECEDENTES

La psicoeducación encuentra su origen en el trabajo con familias de enfermos mentales y en los nexos causalistas entre enfermedad y familia, que pertenecen a una época en la historia reciente de la psiquiatría y la medicina. Vale la pena citar algunos precedentes importantes:

En las décadas de los treinta y cuarenta algunas hipótesis basadas en la teoría psicoanalítica buscaron la explicación a los males mentales, especialmente a la esquizofrenia, en el padre o la madre y la relación del enfermo con ellos; se les concede, por tanto, la cualidad de *esquizofrenizantes*.

A partir de 1950 Gregory Bateson y su equipo en Palo Alto, California, propusieron que los defectos de comunicación entre las personas pueden contribuir a la aparición de enfermedades mentales. Destaca aquí la hipótesis de que la comunicación que contiene dos mensajes contradictorios entre sí (hipótesis del *doble vínculo* o *doble mensaje*) puede desorganizar la actividad mental de quien los recibe.

En 1972 George Brown identificó a la expresión de las emociones por parte de familiares de sujetos psicóticos, acerca de los síntomas de la enfermedad y los problemas adaptativos que conlleva, como un elemento que contribuye de manera negativa a la evolución de la enfermedad. El término *emoción expresada* comenzó a sonar y a permear.

A partir de la década de los ochenta aparecieron las primeras propuestas psicoeducativas en el campo de los trastornos psicóticos, especialmente de la esquizofrenia, basadas en el hallazgo de que un mayor conocimiento de la enfermedad controla la *emoción expresada* y ayuda a su evolución favorable (Leff, 1981; Kottgen, 1984; Fallon y Pederson, 1985; Smith y Birchwood, 1987;

Tarrier, 1988; Berkowitz, 1990; Hogarty, 1991; Randolph, 1994).

A partir de estos antecedentes surgió una línea de investigación sobre los conocimientos que las familias tienen de la enfermedad mental y el modo en que esto modifica su evolución. Su objetivo es claro: demostrar que proporcionando información sobre la enfermedad mental a las familias se logran cambios en la evolución de los afectados.

Algunos autores (Leff, 1982; Barrowclough, 1987) han logrado documentar que la información se traduce en conductas que ayudan a la recuperación, porque entre otras cosas disminuye las recaídas. Otros como Falloon y Pederson (1985) han documentado cambios en el funcionamiento familiar por medio de la educación, mientras que los estudios de Smith y Birchwood (1987) se enfocaron en reducir el estrés y el miedo al paciente en dichas familias, proporcionándoles un sentido optimista acerca de su evolución.

Las investigaciones de Tarrier han conseguido una disminución significativa de las recaídas en seguimientos por periodos de entre cinco y ocho años a través de sesiones educativas (1988); mientras que Randolph contrasta los cuidados tradicionales de algunas familias de pacientes con las intervenciones conductuales y educativas en otras. Con el manejo tradicional las recaídas son hasta de 50 %, con su propuesta disminuyen hasta 14 % (1994).

CONCEPTO DE PSICOEDUCACIÓN

La psicoeducación se define como una modalidad de intervención terapéutica mediante la cual se proporciona a los familiares del paciente información específica acerca de la enfermedad, así como entrenamiento en técnicas para afrontar los problemas derivados de ella.

Según Anderson, Reiss y Hogarty (1986), la psicoeducación se basa en el hecho de que los familiares son los principales cuidadores del paciente y por tanto necesitan recibir atención y apoyo por parte de los sistemas de salud mental. Estos autores señalan que el proceso tiene como propósito mejorar la calidad de vida del paciente y sus familiares, creando ambientes menos estresantes, disminuyendo la probabilidad de recaídas y la carga para la familia. El proceso busca mejorar el funcionamiento cognitivo y la motivación del enfermo decrementando su vulnerabilidad y reduciendo la ansiedad en la familia por medio del apoyo, estructura e información acerca de la enfermedad.

De acuerdo con Hatfield (1994), las diferentes modalidades de psicoeducación tienen tres aspectos en común:

a) Está dirigida fundamentalmente a ayudar a los familiares del paciente.
b) Reconoce que el ambiente familiar no está implicado en la etiología de la enfermedad.
c) Trabaja con el refuerzo de competencias más que con los déficits.

Se trata en último término de crear una alianza terapéutica que promueva una relación de trabajo con el paciente y su familia.

PSICOEDUCACIÓN Y TRASTORNOS DE ATENCIÓN

De las referencias enunciadas hasta ahora resulta evidente que estos conceptos han surgido y se han utilizado en el campo de las enfermedades mentales mayores y de manera más notoria en la esquizofrenia. Dado que se trata de trastornos de tipo psicótico que implican la mayoría de las veces un grave deterioro cognitivo y un déficit adaptativo severo, en un enfermo que por lo demás dependerá de su familia en forma casi absoluta, cualquiera podría preguntarse si dado que los postulados para este enfoque educativo provienen de un problema con estas características pueden aplicarse al campo de los trastornos de atención en la infancia y la adolescencia.

La respuesta a esta pregunta podría consistir en establecer un paralelismo, si esto es posible, entre ambas formas de patología mental. Conservando todas las proporciones en cuanto a la seriedad de un trastorno esquizofrénico, su pronóstico y sus implicaciones para una familia con este problema, que de ninguna manera pueden compararse con los trastornos de atención e hipercinesia, es posible proponer algunas coincidencias.

En primer lugar, ambos trastornos mentales pueden tener un origen genético, aunque esto está lejos de quedar claramente establecido; en segundo, en los dos se han obtenido evidencias de anormalidades estructurales en algunas áreas del sistema nervioso central, tales como los lóbulos frontales, especialmente la corteza prefrontal y de manera curiosa, el vermis del cerebelo. Estas anormalidades pueden hacer suponer, de nuevo para ambos casos, problemas de desarrollo del cerebro de adquisición temprana. Por otra parte, ambos problemas conllevan un déficit en la adaptación social, aunque desde luego en diferente proporción, y ambos generan incomprensión y rechazo.

En las dos modalidades del problema es posible encontrar insatisfacción del portador con su vida y su situación, y si bien la severidad del deterioro cognitivo y sus repercusiones en el caso de la esquizofrenia no ocurren en modo alguno en los trastornos de atención, si se ha identificado predisposición a padecer problemas mentales de tipo psicótico en esta última patología. Ambos padecimientos son sujetos de tratamiento farmacológico racional que mejora los síntomas aunque no hace nada por revertir la discapacidad de manera definitiva. En ambos problemas hay que sumar el tratamiento psicosocial al empleo de fármacos y en los dos casos es necesario contar con el apoyo de la familia, que requiere conocer lo suficiente acerca de la enfermedad, así como un entrenamiento en destrezas específicas de cuidado y atención.

Si la psicoeducación como alternativa en los problemas psicóticos se sustenta en algunas de estas características, es posible emplearlas cuando son semejantes a las de los trastornos de atención para proponer el empleo de la metodología psicoeducativa en ellos. En opinión de algunos expertos como D. Cantwell (1996) la psicoeducación no sólo es deseable en el manejo de los trastornos de atención, sino que debe considerarse condición *sine qua non* en la intervención psicosocial. Para éste y otros autores el entrenamiento a los padres es altamente efectivo y ha demostrado que puede reducir el comportamiento disruptivo de los menores en el hogar e incrementar la confianza de los padres en su competencia como tales, reduciendo el estrés familiar. Cantwell y Brown (1996) han desarrollado modelos que involucran, además de los padres, a los hermanos mayores.

Los elementos que sustentan el desarrollo de programas psicoeducativos para las familias de portadores de trastornos de atención son los siguientes:

1. Se trata de trastornos con una base neurobiológica, al parecer de adquisición y expresión tempranas, en los que se han detectado anormalidades genéticas, de estructura cerebral, neuroquímicas y psicofisiológicas.

2. Estos trastornos provocan un déficit cognoscitivo que, como toda discapacidad, no es susceptible de control voluntario y que trae como consecuencia, diversos problemas adaptativos y secuelas.

3. La enfermedad genera diversas respuestas emocionales en quienes rodean, cuidan y atienden al portador, que la mayoría de las veces pueden traducirse en rechazo hacia éste, con los consecuentes sentimientos de insatisfacción.

4. Los trastornos de atención predisponen a otros problemas de salud mental en la vida adulta, los cuales van desde la ansiedad y la depresión, a la conducta antisocial y delictiva, pasando por la dependencia a alcohol o drogas y los problemas psicóticos.

5. Estos problemas son susceptibles de tratamiento farmacológico, pero su efecto es tan solo a corto plazo y corrige únicamente algunos de los déficits, permitiendo la intervención psicosocial complementaria.

6. Habitualmente los portadores de un trastorno de atención son responsabilidad de una familia, que no recibe la información ni el entrenamiento adecuados para participar en su manejo y tratamiento.

MODALIDADES Y COMPONENTES DE LOS PROGRAMAS

Los programas psicoeducativos se han impartido principalmente en cuatro modalidades, cada una de las cuales posee características y población blanco particulares:

- Programas de orientación y apoyo familiar.
- Manejo psicoeducativo familiar.
- Manejo psicoeducativo multifamiliar.
- Manejo psicoeducativo comunitario.

El primero difiere de los otros en sus alcances, ya que tiene como finalidad proporcionar información amplia y suficiente y hacer saber a las familias que cuentan con el apoyo del equipo de salud mental. En los tres siguientes se pretende que la información que se ofrece y el método mediante el cual se imparte modifiquen las competencias de los miembros de la familia para manejar el problema. Esto resulta más factible en tanto se atiende a una sola familia y se hace más complicado si se pretende cubrir de manera simultánea a varias, o bien si el programa que intenta promover competencias va dirigido a toda una comunidad.

El manejo de familias de manera individual permite el contacto personal, constante y continuo, concede garantía de intimidad a quienes prefieren no manejar de manera abierta la enfermedad, facilita una mayor comprensión y un mayor dominio de la información, además de que ofrece una supervisión más estrecha de las competencias adquiridas. La posibilidad de privilegiar el trabajo individual sobre el manejo de grupos queda supeditada a los recursos de que disponen el equipo de salud mental y las familias a atender.

Por lo que se refiere a los componentes, un programa psicoeducativo debe abarcar, cuando menos, los conocimientos y las competencias.

El término *conocimientos* se refiere a la información científica que se tiene con respecto a una enfermedad y su manejo, y que posee cierto valor funcional en cuanto a su potencialidad para transformarse en comportamientos encaminados a la rehabilitación (Barrowclough, Tarrier, Watts, Vaughn, Bamrah y Freeman, 1987). Para el caso de los trastornos de atención, si bien la ciencia está aún lejos de saberlo todo al respecto, la información disponible puede considerarse sólida, rigurosamente probada y muy útil.

El término *competencias* puede emplearse para referirse a capacidades que resultan en comportamientos efectivos en correspondencia con los requerimientos del entorno (Corral, 1997). Para autores como Sunberg, Snowden y Reynolds (1978), las competencias son destrezas que llevan a logros adaptativos en ambientes significativos. En el campo de los trastornos de atención el término se refiere a un conjunto de destrezas del comportamiento, variadas y flexibles, que contribuyen a promover, inducir y mantener la adaptación psicológica individual, familiar, laboral y social de los afectados por estos trastornos. La familia y la escuela pueden, sin duda, considerarse ambientes significativos.

De acuerdo con estos conceptos, ¿cómo deben ser estos componentes en el contexto de un programa psicoeducativo para las familias de quienes sufren de déficit de atención e inquietud? A continuación se presenta una propuesta de seis tópicos de conocimiento y seis competencias esenciales en estas familias, desarrollados tomando como punto de partida la información científica de que se dispone hasta el momento acerca de la enfermedad y las dificultades más a menudo informadas por los padres y otros parientes para comprender y enfrentar este trastorno. Este programa básico puede ajustarse a las necesidades y recursos de los profesionales de la salud mental y de los usuarios, en tanto conserve en lo general el siguiente guión.

CONOCIMIENTOS

La información que deben recibir, discutir y manejar los familiares de quienes sufren un trastorno por déficit de atención comprende los siguientes tópicos indispensables, a partir de los cuales la información puede ampliarse tanto como las condiciones de cada familia lo permitan. En seguida de cada uno se incluyen algunos lineamientos relativos a la orientación que se sugiere dar a la información.

Definición de trastorno por déficit de atención e hipercinesia

Debe quedar muy claro que se trata de una enfermedad, es decir de un problema de salud, que consiste en una forma de discapacidad mental y que se caracteriza por la imposibilidad para atender, la inquietud y la impulsividad. Estos tres componentes del síndrome deben definirse con claridad. Se sugiere utilizar algunos ejemplos de otras formas de discapacidad física que ilustren lo que se quiere decir con este término. Es conveniente también aclarar que la inquietud y la inatención pueden variar mucho en los niños de diferentes edades y lo que para cierta edad puede ser normal, para otra puede considerarse inadecuado. Este argumento permite proponer que se trata de un problema de maduración cerebral y comportamental.

Causas de los trastornos de atención

Al responder esta pregunta debe señalarse que no existe una causa establecida; que esto, lejos de ser desalentador, ocurre con muchos otros problemas de salud, y que la enfermedad se ha relacionado con factores hereditarios y algunos problemas de desarrollo de ciertas áreas del cerebro. Es conveniente comentar en qué porcentaje existe la posibilidad de heredar el trastorno e insistir en que el cerebro no se encuentra "dañado"; más bien, algunas de sus áreas no se encuentran lo suficientemente maduras. Es de especial importancia aclarar que el comportamiento del portador, niño, adolescente o adulto, no está sujeto a su control voluntario y es poco probable que responda a medidas disciplinarias u otros recursos de crianza, de tal manera que quienes están afectados no son responsables de su comportamiento.

Estudios necesarios para el diagnóstico

La pauta para establecer la presencia de este problema se halla en el comportamiento del portador y en la caracterización de la tríada sintomática. Es necesario explicar con detalle los demás recursos diagnósticos: las pruebas psicométricas, las escalas clinimétricas, el electroencefalograma y la opinión acerca del desempeño del niño en el aprendizaje escolar, pero debe señalarse también que ninguna de estas pruebas es concluyente y únicamente complementan el diagnóstico; en cambio, todas juntas ofrecen un cuadro completo de la condición del afectado, muy útil para ofrecerle ayuda.

Estado emocional del afectado

Debe establecerse con claridad que quienes sufren de déficit de atención e hipercinesia son perfectamente capaces de advertir sus dificultades de adaptación y desempeño, así como su discapacidad y el hecho de no poder corregirla de manera voluntaria; pueden, incluso, compararse con los demás y salir mal librados de esta comparación; por esta razón suelen tener un concepto pobre de sí mismos y de sus posibilidades. Es indispensable trabajar intensamente para ayudar a estas personas a superar este conflicto, teniendo especial cuidado en vigilar la aparición de síntomas ansiosos y depresivos agregados que los familiares deben conocer para estar en posibilidad de detectar.

Posibles complicaciones

Es importante realizar una descripción detallada de éstas, insistiendo en los problemas académicos, la ansiedad y la depresión, los trastornos de la conducta, y el riesgo de que se presenten otros problemas mentales en el futuro. Este planteamiento debe hacerse con cuidado para no estigmatizar al portador o profetizar sobre su futuro, y sobre todo debe insistirse en las posibilidades que ofrece un tratamiento integral y en la imperiosa necesidad de éste para prevenir posibles secuelas o complicaciones. Es conveniente, además, señalar que en un principio estos trastornos se consideraban autolimitados y privativos de la etapa escolar y que la experiencia y la investigación científica han demostrado que no es así.

Tratamiento

El tratamiento debe ser siempre integral y estar compuesto por diversas posibilidades; el tratamiento farmacológico debe proponerse como indispensable, resaltando sus ventajas y planteando que sus inconvenientes son mínimos, por lo que no debe haber razón para privar de sus beneficios a quien está afectado. También es necesario informar acerca de los efectos indeseables de los fármacos y la manera adecuada de manejarlos por parte de la familia. En cuanto al lapso de medicación, es inconveniente señalar un lapso de tiempo definido; por el contrario, debe dejarse abierto. Además, la familia debe saber que se requiere ayuda psicológica para el manejo de las destrezas cognitivas, las habilidades sociales, especialmente las de autocontrol y el estado emocional del afectado. A ello habrá que agregar la ayuda necesaria para superar las dificultades escolares. Es muy recomendable estructurar, junto con la familia, un programa integral de atención de acuerdo con las alternativas disponibles para cada caso.

COMPETENCIAS

Igual que sucede con el apartado de conocimientos, el programa psicoeducativo puede comprender seis competencias básicas que hay que desarrollar con los familiares de portadores de trastornos de atención:

- Autoridad.
- Límites.
- Rutinas.
- Constancia.
- Control emocional.
- Comunicación y expresión de afecto.

Manejo de la autoridad

Esta modalidad de competencia es especialmente útil cuando los afectados son niños o adolescentes. Se refiere a la disposición que debe existir, por parte de los adultos directamente responsables, de ofrecer los satisfactores, proporcionar los cuidados y atender las necesidades de crianza de un menor, al tiempo que se ejerce un control adecuado sobre su conducta. Debe dejarse en claro que si bien una discapacidad neuropsicológica no puede ser compensada mediante actos de autoridad, sí es muy necesaria para el manejo de quien la sufre.

No se trata de que los padres y maestros sean más restrictivos, más severos o que apliquen castigos más duros, sino de que ejerzan el ascendiente que brindan las reglas de organización y funcionamiento familiar con claridad y firmeza tales que no haya lugar a cuestionamientos, señalando límites y reglas y las consecuencias de no respetarlos. Es evidente que las limitaciones de quien se encuentra afectado para planear su comportamiento hacen indispensable que alguien más lleve a cabo dicha planeación y dirija los procesos adaptativos; por tanto, comprender la naturaleza del problema no significa de ninguna manera que se deba renunciar a ejercer la autoridad.

Establecimiento de límites

Es indispensable dejar absolutamente en claro lo que está permitido y lo que no, qué cosas se pueden hacer y qué cosas no, haciendo ver al menor, sin lugar a dudas, que su problema no lo exime de respetar estos límites, los cuales deben entenderse como parte de los requerimientos a cumplir en cualquier programa de rehabilitación. Los límites deben variar lo menos posible; en este sentido, se puede modificar lo permitido de un día, una semana, o un mes a otro, afecta notablemente el comportamiento adaptativo que se está tratando de organizar.

En esta línea, las reglas nunca deben quedar sobrentendidas ni se debe suponer que quedaron tácitamente expresadas mediante algún medio no verbal; en todo momento es indispensable expresarlas en forma verbal y de manera clara y contundente. Con estos menores tampoco es posible dar por hecho que si las reglas quedaron claras ya fueron aprendidas y no es necesario recordarlas. Por el contrario, deben señalarse y su cumplimiento debe ser verificado cotidianamente.

Organización de rutinas

Para muchos padres el encanto del comportamiento infantil se sustenta en su versatilidad. Ese no es el caso de los menores con déficit de atención, quienes deben tener preestablecidas y organizadas sus actividades cotidianas. Los padres y otros responsables deben cerciorarse de que las actividades y los horarios para realizarlas sean siempre los mismos; esto ayuda mucho a la organización del comportamiento del menor; por el contrario, las variaciones operan como distractores.

Los horarios para levantarse, asearse, vestirse y tomar los alimentos deben ser siempre los mismos y las circunstancias en las que se dan estas conductas también deben ser las mismas: la misma persona debe trasladar siempre al menor a la escuela; éste debe llegar siempre a la misma hora, ocupar el mismo lugar en el aula y realizar actividades escolares rutinarias; salir de la escuela a la misma hora; tomar sus alimentos a la misma hora y ocupar el mismo sitio en la mesa, realiza su tarea escolar a la misma hora y de nuevo en el mismo sitio; también debe estar supervisado por el mismo adulto para acudir en forma rutinaria a sus terapias de apoyo; el tiempo libre utilizado para jugar o ver la televisión debe tener siempre el mismo horario y duración, y hasta donde sea posible es necesario evitar cualquier variación que aleje el comportamiento de las tareas a realizar y sus fines adaptativos.

Constancia

Con frecuencia muchos padres miden el resultado de la crianza partiendo de la iniciativa que su hijo muestra para llevar a cabo las actividades que ha ido aprendiendo; sin embargo, ésta no puede ser la pauta a seguir con los menores con trastornos de atención. No se debe partir de que el menor ya fue instruido ayer, hace una semana o hace un mes y que debe recordar y cumplir la instrucción. Al contrario, las instrucciones deben darse cada día y para cada actividad como si nunca hubieran sido dadas; además, a esta insistencia debe agregarse la constancia.

Este tipo de niños o adolescentes no suelen realizar tareas de

manera espontánea y en forma casi constante manifiestan haber-
las olvidado. De la misma manera, constantemente debe haber
quien indique las actividades a realizar y supervise estrechamente
su cumplimiento. Es fundamental insistir; hacerlo con un manejo
apropiado de la autoridad es lo que hace a esta conducta competente.

Control emocional parental

A partir de los primeros hallazgos de Brown (1962), comple-
mentados por Leff, Fallon, Berkowitz, Hogarty y otros, ha sido posible establecer que las expectativas de médicos, padres y maestros en cuanto a la conducta adaptativa de una persona con
discapacidad mental pueden verse frustradas si son poco realistas
en relación con las posibilidades de esa persona. La frustración genera irritación, enojo, ira, decepción, tristeza y otras emociones
que provocan a la gente a hacer señalamientos en esas condiciones de emotividad; sin embargo, estas emociones y señalamientos
modifican de manera negativa la conducta de la persona afectada.

Los padres y otros cuidadores de niños o adolescentes con inatención e inquietud deben ser entrenados en el conocimiento, identificación y control de sus emociones para evitar que éstas dominen
en su relación con los menores. Mantener la tranquilidad y la obje-
tividad, por frustrante que sea el comportamiento del afectado,
evitando manejarlo entre accesos de cólera, llanto o exasperación,
puede contribuir en forma notable a su adaptación y hacer las relaciones familiares mucho más gratificantes y llevaderas. Es fácil entender que si al control emocional se suman la consistencia, la firmeza en el manejo de autoridad y el establecimiento de rutinas se
estará muy cerca de lograr un comportamiento competente.

Comunicación y expresión de afecto

Esta competencia afina y redondea las demás, con lo que permite entenderlas en su justa medida. No es conveniente ser tan

firme en la demostración de autoridad; tampoco tan consistente o tan frío con las emociones porque se puede caer en la intransigencia y la ausencia de comunicación. Por el contrario, las cinco competencias previas deben revisarse de manera constante para cerciorarse de que no han bloqueado la comunicación y la expresión de afectos. Es muy importante conocer lo que piensan y sienten los menores, y debe crearse la atmósfera apropiada para que les sea posible expresarlo; es de gran utilidad discutir con ellos las razones de las reglas de crianza, los límites y las rutinas, con la suficiente firmeza para no renunciar a la autoridad.

También es indispensable tener presente que las necesidades afectivas de estos menores son aún más grandes que las de los que no sufren de discapacidad y por ello deben recibir satisfacción en pro de su autoestima, su confianza en sí mismos y su forma de relacionarse con los demás. Las palabras afectuosas deben acompañarse siempre de la expresión física de cariño, por medio de besos, abrazos, y caricias. Los afectos deben sentirse, más que saberse.

CONCEPTOS ERRÓNEOS

Al igual que ocurre con otros problemas de salud mental, los trastornos por déficit de atención han sido objeto de una serie de creencias sin fundamento, que no se basan en información seria y científicamente comprobada, que se trasmiten, a veces, de boca en boca y otras a través de publicaciones u otros medios de difusión poco serios. Mucha gente llega a validar estos conceptos e incluso los convierte en normas cuando debe enfrentarse a un posible caso en la familia, o bien para intentar orientar a otros.

Nunca se insistirá demasiado acerca de la importancia de rebatir estas creencias y mantener un nivel apropiado de información como parte de un programa psicoeducativo. Adelantarse a la expresión de estos errores, proponiéndolos y rebatiéndolos antes de que las familias los escuchen y los comentan puede ser una buena estrategia. A continuación se listan los diez conceptos erróneos que, según la American Academy of Pediatrics (1998), se proponen con mayor frecuencia por particulares, o como parte de campañas malintencionadas o torpes:

1. **"No existen los trastornos de atención e hipercinesia; no hay bases suficientes para afirmarlo; son un problema fantasma."** El contenido de este texto deja en claro que existen bases muy sólidas para distinguir a un grupo de personas afectadas por problemas de atención, inquietud e impulsividad, así como los problemas adaptativos que estos síntomas producen. Los hallazgos neurobiológicos que tratan de explicarlo son consistentes y permiten distinguir con claridad a quienes lo padecen.

2. **"Los trastornos de atención e hipercinesia son sólo un pretexto para justificar los problemas de conducta de niños y adolescentes en lugar de corregirlos y hacerlos responsables de su comportamiento."** No es posible suponer que una discapacidad tenga como sustento los valores morales y las normas de conducta que derivan de ellos; hay suficientes bases para establecer que las personas que sufren esta discapacidad, al igual que cualquier otra, deben ser tratadas. Russell Barkley, experto en el tema, ha demostrado que intentar revertir el problema mediante normas disciplinarias rígidas y sanciones sólo consigue empeorarlo.

3. **"Más que de una enfermedad, se trata de un problema disciplinario y de crianza."** Una discapacidad neuropsicológica tiene un origen cerebral, los fracasos al tratar de corregirla mediante medidas disciplinarias son de sobra conocidos. Desde luego que cierto patrón de funcionamiento familiar puede agravar los síntomas, pero curiosamente esto ocurre cuando el patrón se carga hacia el lado de la disciplina y la rigidez.

4. **"No existe consenso en cuanto a los criterios para establecer que alguien es portador de un trastorno de atención; los límites no son claros."** Hay avances muy significativos en este campo. Para los trastornos mentales en general, y para éste en particular, existe un amplio consenso acerca de cuáles deben ser los criterios diagnósticos, los cuales se basan en informes amplios del comportamiento y rendimiento del menor o por lapsos de cuando menos seis meses.

5. **"Los niños con un trastorno de atención logran superarlo."** Una proporción elevada de los portadores tienen secuelas durante la adolescencia y la vida adulta; las formas tardías o residuales han sido suficientemente documentadas. Un menor con un trastorno de atención puede estar en una situación de desventaja permanente, de ahí la necesidad de que reciba tratamiento.

6. **"Los estimulantes son medicamentos peligrosos; son drogas que pueden producir adicciones y muchas otras complicaciones."** Los estimulantes se han investigado y empleado desde hace 50 años. No hay casos de dependencia hasta ahora, y los efectos indeseables son generalmente leves, transitorios y susceptibles de ser manejados. Aunque algunos, como los tics o los problemas de crecimiento son algo más prolongados pero tampoco ha sido posible demostrar su persistencia.

7. **"No es posible aprender mejor por el solo hecho de tomar un medicamento."** No se trata de fármacos que mejoren el desempeño en los programas escolares para cualquier persona, su efecto no es precisamente éste.

Lo que sí está bien demostrado es que controlando la distractibilidad y la inquietud de los menores con este padecimiento, su rendimiento académico mejora en forma muy consistente.

8. **"Se consigue más con la ayuda psicológica y pedagógica que se puede dar a un menor con un trastorno de atención que utilizando un medicamento."** Aunque esta situación sería ideal, hay múltiples ensayos científicos comparativos que demuestran que el efecto de los fármacos estimulantes es muy superior a las otras modalidades de ayuda. Esto no quiere decir que deban pasarse por alto; por el contrario, la atención debe ser integral y los esfuerzos encaminados a desarrollar programas de ayuda psicológica y pedagógica más eficaces continúan desarrollándose día con día.

9. **"Las compañías farmacéuticas difunden información sobre este problema con el solo propósito de vender medicinas."** Por supuesto que el objetivo de una compañía farmacéutica es desarrollar y vender medicamentos, pero éste se lleva a cabo siempre sobre bases firmes y con seriedad. Las compañías farmacéuticas gastan importantes sumas de dinero en el fomento a la investigación científica y la educación sobre problemas de salud, sustentando en ello, de manera más que lícita, la venta de medicinas.

10. **"Mi hijo no necesita ir con un psiquiatra porque no está loco."** La psiquiatría es una especialidad médica con notables avances científicos; posee un perfil que ofrece posibilidades para una gama amplia de enfermedades, más allá de los trastornos psicóticos. El desarrollo de los conceptos sobre el origen, el diagnóstico y el tratamiento de trastornos de atención ha sido, en su mayoría, trabajo de psiquiatras, los cuales, por otro lado, se encuentran en situación de apoyar a una familia en éste y en muchos otros problemas de salud.

INSTRUMENTACIÓN

Una vez que se han establecido con claridad los conocimientos y competencias que pretende desarrollar este programa educativo, es necesario disponer de ciertos instrumentos para su implementación. Dichos instrumentos tienen como propósito explorar de manera estandarizada el nivel de conocimientos acerca del problema que tienen los sujetos antes de iniciar el programa, para evaluar posteriormente si dicha información fue adquirida con el desarrollo de éste. Lo mismo puede decirse con respecto a las competencias y su exploración instrumentada, antes y después del trabajo psicoeducativo.

En otras áreas de la problemática de salud mental, se dispone de una gran variedad de este tipo de instrumentos; sin embargo, es necesario trabajar para diseñarlos y validarlos para los trastornos de atención deficitaria e hipercinesia.

Ahora bien, ¿qué contenido se sugiere para los instrumentos?, ¿qué áreas y aspectos deben cubrir?, ¿de qué manera pueden elaborarse para que nos ofrezcan información práctica y fidedigna? Tomando como punto de partida los inventarios preparados y utilizados para manejar programas psicoeducativos en otros problemas mentales, es posible sugerir un par de diseños para la exploración de conocimientos y competencias.

ESCALA DE CONOCIMIENTOS

A continuación se presenta una propuesta de instrumento exploratorio de conocimientos que puede aplicarse a padres de menores afectados como parte del trabajo psicoeducativo. Es importante aclarar que esta propuesta se ha diseñado a partir de otras similares que se utilizan para otras formas de patología mental, y que ésta o cualquier otra requieren de un tratamiento estadístico adecuado.

Conocimientos acerca de los trastornos de atención

Lea con cuidado cada una de las siguientes oraciones y conteste con toda franqueza las preguntas. Es muy importante conocer de manera clara y veraz qué tanto sabe del problema de su hijo. No es pertinente lo que debería saber, sino la información que tiene.

Diagnóstico

1. ¿Le han informado los médicos, psicólogos, maestros o cualquier otra persona acerca del tipo de problema por el cual su hijo está siendo tratado?

No ＿＿　Sí ＿＿

Me han dicho que lo que le ocurre es ＿＿＿＿＿＿＿＿

＿＿＿＿＿＿＿＿.　Fuente: ＿＿＿＿＿＿＿＿

2. Si no le han dado un diagnóstico, ¿conoce el nombre del problema o el diagnóstico?

Sí ＿＿ No ＿＿ ¿Cuál es?＿＿＿＿＿＿＿＿

3. Si no supo contestar las dos preguntas anteriores, ¿cómo describiría el problema por el cual está siendo tratado su hijo? _____
_____ .

4. Si pudo dar un diagnóstico, ¿piensa que este problema consiste en:

a) Un problema nervioso sencillo que está siendo exagerado?
Sí _____ No _____ No sabe _____
b) Una enfermedad que puede afectar todos los aspectos de la vida?
Sí _____ No _____ No sabe _____
c) Un problema de salud pasajero?
Sí _____ No _____ No sabe _____
d) Un problema relacionado con dificultades para aprender?
Sí _____ No _____ No sabe _____

Síntomas

5. Anote en la siguiente lista los síntomas por los que su hijo se ha visto afectado; escoja si estos síntomas son: parte de su forma de ser, parte de una enfermedad o no lo sabe.

Síntomas	Forma de ser	Enfermedad	No sabe

6. ¿Piensa usted que su hijo puede ayudar a controlar cada uno de los síntomas?

Síntoma	Sí	No	No sabe

7. Entre los síntomas que se listan a continuación, escoja los que piense que son los síntomas comunes de la enfermedad de su hijo.

a) Tristeza, deseos de llorar y poco interés por las cosas
Sí _____ No _____ No sabe _____

141

b) Dificultad para identificar letras y palabras y poder leer
Sí _____ No _____ No sabe _____
c) Inquietud excesiva que no es posible controlar
Sí _____ No _____ No sabe _____
d) Problemas para concentrarse con distracción constante
Sí _____ No _____ No sabe _____
e) Problemas de insomnio y falta de apetito
Sí _____ No _____ No sabe _____
f) Actuar en forma impulsiva sin medir las consecuencias de lo que hace
Sí _____ No _____ No sabe _____
g) Hacer cosas repetitivas como lavarse las manos en forma exagerada, buscar el orden de las cosas y preocuparse por lo mismo en forma constante
Sí _____ No _____ No sabe _____
h) Problemas para organizar sus actividades, tales como el trabajo escolar
Sí _____ No _____ No sabe _____

Causas del problema

8. ¿Cuál cree que sea la causa de la enfermedad de su hijo? _____
_____ ¿Piensa usted que alguna de las siguientes causas pueden haberla originado?

a) Un problema biológico que afecte la manera en que funciona el cerebro?
Sí _____ No _____ No sabe _____
b) Problemas familiares
Sí _____ No _____ No sabe _____
c) La forma en la cual fue criado
Sí _____ No _____ No sabe _____
d) Problemas durante el embarazo; por ejemplo, infecciones y otros
Sí _____ No _____ No sabe _____
e) Es hereditario (puede trasmitirse de una generación a otra)
Sí _____ No _____ No sabe _____
f) Zonas de su cerebro que no maduraron en forma adecuada
Sí _____ No _____ No sabe _____
g) Uso de alcohol y drogas por parte de los padres
Sí _____ No _____ No sabe _____
h) Brujería; por ejemplo, "daños", magia o "mal de ojo"
Sí _____ No _____ No sabe _____

9. De todas las causas mencionadas, ¿cuál piensa que es la principal?
_____ .

Tratamiento

10. ¿Le han recetado algún medicamento a su hijo para este problema?
Sí _____ No _____ No sabe _____

11. ¿Cuál es el nombre de dicho medicamento? _____
_____ .

12. ¿Cómo debe tomarlo? _____ .

13. ¿Por cuánto tiempo deberá tomarlo?
Pocas semanas _____ Pocos meses _____ Un año _____ Un año y medio _____
Más de un año y medio _____

14. ¿Cómo piensa que debe darle este medicamento a su hijo?
    __ Cuando usted piense que lo necesita
    __ Hasta que vea que ha mejorado en cuanto a su problema
    __ Cuando su hijo piense que lo necesita
    __ Cuando el doctor se lo indique
    __ Pienso que no debe tomarlo

15. ¿Conoce algún efecto secundario que resulte como consecuencia o problema que pueda ocurrir, a partir del resultado que se consiga con los medicamentos? _____ .

16. ¿Conoce algún otro tipo de tratamiento –además del medicamento– que pudiera ayudar a su hijo?

17. De los siguientes tratamientos, ¿cuál piensa que puede ayudar a su hijo?

    a) Ejercicios para concentrarse mejor
       Sí _____ No _____ No sabe _____
    b) Terapia de juego
       Sí _____ No _____ No sabe _____
    c) Vitaminas
       Sí _____ No _____ No sabe _____
    d) Apoyo para sus problemas de aprendizaje
       Sí _____ No _____ No sabe _____
    e) Terapia familiar
       Sí _____ No _____ No sabe _____
    f) Ayuda psicológica para su estado emocional
       Sí _____ No _____ No sabe _____
    g) Entrenamiento para relacionarse con otros
       Sí _____ No _____ No sabe _____
    h) Internarlo en una institución educativa
       Sí _____ No _____ No sabe _____

18. Si su hijo mejora con el tratamiento, ¿piensa usted que podría dejarlo sin volver a tener problemas?
    Sí ＿＿ No ＿＿ No sabe ＿＿

19. ¿Cuál de los siguientes factores podría afectar el problema de su hijo y empeorar los síntomas:

    a) Sacarlo de la escuela y buscarle otra actividad útil
       Sí ＿＿ No ＿＿ No sabe ＿＿
    b) Ejercicio físico al aire libre
       Sí ＿＿ No ＿＿ No sabe ＿＿
    c) No tomar el medicamento
       Sí ＿＿No ＿＿ No sabe ＿＿
    d) Problemas en la familia que le pudieran causar tensión
       Sí ＿＿ No ＿＿ No sabe ＿＿
    e) Ser criticado y presionado por la familia
       Sí ＿＿ No ＿＿ No sabe ＿＿
    f) Tener parásitos en el intestino
       Sí ＿＿ No ＿＿ No sabe ＿＿
    g) Jugar solo
       Sí ＿＿ No ＿＿ No sabe ＿＿
    h) Tomar alimentos con conservadores
       Sí ＿＿ No ＿＿ No sabe ＿＿

20. Suponga que su hijo está mejor y usted decide quitarle el medicamento, ¿qué cree que pasaría?

    ＿ Estaría igual que con el tratamiento porque ya mejoró
    ＿ Estaría mejor que con el tratamiento
    ＿ Los síntomas volverían a presentarse

ESCALA DE COMPETENCIAS

Tomando como punto de partida las seis competencias básicas propuestas para el trabajo con los padres se ha elaborado una escala para su exploración. Las consideraciones que se deben hacer en cuanto a su tratamiento estadístico son las mismas que las que se mencionaron en la escala de conocimientos.

Competencias en el manejo del trastorno de atención

Lea con cuidado cada una de las siguientes oraciones; encontrará que para cada número de oración hay cuatro diferentes respuestas. Usted debe escoger una sola, la que se parezca más a la manera en que se comporta cuando se presenta la situación que describe cada oración. Es muy importante que su respuesta describa la forma en que usted actúa y no la forma en que piensa que usted u otra persona deberían comportarse ante esa situación.

Autoridad

1. Si su hijo molesta a otras personas con su comportamiento y esas personas deciden sancionarlo por su cuenta, usted:

   a) Se mantiene al margen.
   b) Aprueba que lo sancionen con el fin de que enfrente las consecuencias de su comportamiento, pero no participa en el castigo.
   c) Interviene para explicar a esas personas que únicamente usted es quien debe corregirlo.
   d) Participa con esas personas en el castigo a su hijo.

2. Por lo que se refiere al comportamiento de otros parientes como hermanos mayores, primos mayores, tíos o abuelos, usted:

   a) Les delega parte de su autoridad para que colaboren corrigiendo la conducta de su hijo.
   b) Les pide que le permitan ejercer la autoridad únicamente a usted.
   c) Contradice sus instrucciones frente a su hijo para que él (ella) se dé cuenta de que sólo usted tiene autoridad.
   d) Se mantiene al margen.

3. En cuanto al manejo de su hijo en la escuela, por parte de maestros y directivos, usted:

   a) Analiza con su hijo las indicaciones que él (ella) recibe de parte de ellos y juntos deciden si es conveniente o no que las cumpla.
   b) Le hace ver a su hijo que las órdenes que recibe de la escuela no son adecuadas cuando así lo considera.
   c) Les pide a los maestros y directivos que le den un trato especial a su hijo en vista de su problema.
   d) Le pide a su hijo que acate las órdenes que recibe en la escuela.

Límites

4. Si su hijo le acompaña a hacer compras a una tienda y comienza a dañar la mercancía o el mobiliario de la tienda, usted:

   a) Le hace ver que son una propiedad privada y que no tienen derecho a dañarlas, ya que otras personas tendrían que pagar estos daños.
   b) Comprende que su hijo tiene un problema y considera que debe ser objeto de tolerancia especial.
   c) Se mantiene al margen.
   d) Lo amenaza con acusarlo con el personal de la tienda para que reciba un castigo.

5. Si su hijo asiste a la celebración del cumpleaños de otro niño y su comportamiento altera la buena marcha de la celebración, usted:

   a) Comprende que son niños y que a veces juegan así.
   b) Prefiere no intervenir, para que lo hagan los padres responsables de la fiesta.
   c) Abandona inmediatamente la fiesta.
   d) Explica a su hijo que no tiene derecho a molestar a otros o dañar la fiesta y condiciona su permanencia a que se comporte.

6. En su casa no permite que los niños brinquen en las camas o los sillones, sin embargo, su hijo se ha portado bien y pide hacerlo como un premio, usted:

   a) Impide que lo haga y le hace ver que portarse bien no se premia pemitiéndole dañar los muebles.
   b) Acepta premiarlo con esto pero le hace hincapié en que será por esa única vez.
   c) Le dice que si algo se rompe va a tener que pagarlo y recibirá un castigo.
   d) Entiende que su hijo está bajo mucha presión y eso le ayuda a liberar su energía.

Rutinas

7. Para decidir el horario y número de horas que su hijo verá la televisión, usted:

   a) Considera los horarios y días de sus programas favoritos y se adapta a esto.

b) Mantiene siempre el mismo horario y cantidad de tiempo.

c) Prefiere dejarlo decidir esto para que vaya haciéndose responsable.

d) Aumenta o disminuye el número de horas y autoriza nuevos horarios dependiendo de que se porte bien o mal.

8. Con respecto a cosas como que su hijo se cambie de ropa al llegar de la escuela o después de comer, se siente en el mismo o en diferentes lugares en la mesa y salga a jugar en diferentes horarios y por periodos variables, usted:

a) Prefiere dejarlo decidir esto para que se vaya haciendo responsable.

b) Insiste y vigila que estas cosas ocurran siempre en el mismo orden y con el mismo horario.

c) Varía los horarios y el orden de las cosas para hacer más amena la vida de su hijo.

d) Varía los horarios y el orden de estas cosas a solicitud de su hijo pero tomando en cuenta si se ha portado bien.

9. Con respecto a la tarea escolar que su hijo debe hacer en casa, usted:

a) Verifica que sea siempre en el mismo horario y supervisa directamente el cumplimiento de la tarea.

b) Permite que su hijo elija el horario para que éste tenga variedad y sea más ameno y llevadero, pero supervisa la tarea directamente.

c) Prefiere no intervenir porque esta es su responsabilidad.

d) Interviene en la escuela para que el maestro entienda que su hijo tiene un problema y le exija menos tarea escolar.

Constancia

10. En relación con el aseo de los dientes, usted:

a) Le recuerda eventualmente que se los lave y espera que él vaya recordándolo cada vez con mayor frecuencia.

b) No siempre se lo recuerda porque usted mismo no se acuerda siempre.

c) Le recuerda siempre que usted se acuerda.

d) Prefiere tener algún recordatorio propio para no omitir recordar y dar y supervisar el lavado de dientes siempre tres veces al día.

11. En relación con los premios que va a dar a su hijo, usted:

a) Con frecuencia olvida cumplir con ellos.

b) Puede variarlos y dárselos aunque no haya cumplido si considera que ha estado muy presionado.

c) Siempre termina dándoselos aunque no haya cumplido y espera que le sirvan como estímulo.

d) Se los da únicamente de acuerdo con lo pactado y siempre y cuando cumpla con lo requerido.

12. Su hijo ya se acostó a dormir y no se ha bañado, usted:

a) Lo levanta y le pide que se bañe, supervisando que lo haga.

b) Comprende que está cansado y que no vale la pena que lo levante.

c) Considera que es su responsabilidad y que si al otro día está sucio es porque así lo eligió.

d) Procura tener en mente que se bañe al día siguiente.

Control emocional

13. Si llama la atención a su hijo y éste se desespera, llora, se tira al suelo, se cubre la cara y no le hace caso, usted:

a) Comprende que ha hecho mal y le pide perdón consolándolo.

b) Se molesta aún más por su comportamiento e intenta levantarlo por la fuerza.

c) Espera a que se tranquilice y luego le da indicaciones en un tono de voz claro y firme pero tranquilo.

d) Le hace ver a las demás personas lo mal que se ve, buscando que de esta manera su hijo reaccione.

14. Ha dado la misma orden siete veces a su hijo y él (ella) continúa ignorándole, usted:

a) Se aproxima con calma, se asegura de que le mira a los ojos y le repite la instrucción con voz clara y firme.

b) Levanta la voz y le grita, lo toma de la ropa o trata de llamar bruscamente su atención de cualquier otra forma.

c) Se disgusta mucho y decide aplicarle inmediatamente un castigo.

d) Se siente triste y frustrado, se aleja de ahí y se queda pensativo y preocupado.

15. Su hijo trae una nota de mala conducta de la escuela, usted:

a) Considera que en la escuela son intolerantes y decide hablar con ellos para hacerles ver el problema de su hijo.

b) Critica abierta y claramente su conducta, utiliza calificativos para ello y se muestra convencido de que nunca va cambiar.

c) Se siente triste y frustrado, e intenta hacerle ver que con su conducta le hace daño.

d) Lo lee con calma, escucha la versión de su hijo y decide que castigo va a aplicarle, sin alterarse, enojarse, entristecerse ni criticarlo.

Comunicación y expresión de afecto

16. Su hijo ha mejorado sus calificaciones en relación con las del mes anterior, pero aún no tiene el rendimiento que desea, usted:

   a) Destaca la mejoría, le hace ver que está contento aunque no satisfecho y lo premia con un beso u otra caricia.
   b) Espera pacientemente al próximo periodo sin hacer comentarios
   c) Busca algún castigo para que su hijo mejore.
   d) Le hace ver que su capacidad no es tan buena como la de otros y que por eso rinde menos.

17. Su hijo interrumpe una conversación cuando varias personas están comiendo, usted:

   a) Le pide que se levante de la mesa y vaya a su cuarto.
   b) Lo calla empleando, para ello un calificativo.
   c) Escucha lo que su hijo le dice, espera a que termine, le hace ver que lo escuchó pero que no debe interrumpir cuando otros hablan.
   d) Permanece callado y ya no comenta nada más.

18. Por lo que se refiere a caricias, abrazos, besos y palabras tiernas, en relación con su hijo, usted:

   a) Piensa que estas actitudes en demasía pueden malcriarlo.
   b) Piensa que nunca serán suficientes.
   c) Piensa que debe merecerlas para recibirlas.
   d) Piensa que es más difícil querer a un niño que se comporta como su hijo.

Para cada una de las situaciones descritas en el instrumento anterior se describen cuatro posibles reacciones. Éstas pueden ordenarse descendentemente, de la más a la menos deseable, de acuerdo con las necesidades del niño, asignándole a este orden una puntuación de cuatro a uno. Así, quien responda a las 18 preguntas con las reacciones óptimas obtiene 72 puntos y quien lo haga con las más inadecuadas, 18 puntos. El rango de calificación para cada padre examinado se sitúa entre 18 (inadecuado) y 72 (adecuado) puntos y permite evaluar más adelante los resultados de la capacitación con los cambios favorables en estas calificaciones. Los puntajes para cada pregunta pueden quedar de la siguiente forma:

Cuadro 6.1. Puntuación sugerida para la escala de competencias en padres de portadores de trastorno por déficit de atención.

Autoridad	1: a 1 b 3 c 4 d 2	2: a 3 b 4 c 2 d 1	3: a 2 b 1 c 3 d 4
Límites	4: a 4 b 2 c 1 d 3	5: a 2 b 1 c 3 d 4	6: a 4 b 1 c 3 d 2
Rutinas	7: a 3 b 4 c 1 d 2	8: a 1 b 4 c 2 d 3	9: a 4 b 3 c 2 d 1
Consistencia	10: a 2 b 1 c 3 d 4	11: a 1 b 3 c 2 d 4	12: a 4 b 2 c 1 d 3
Control emocional	13: a 3 b 1 c 4 d 2	14: a 4 b 1 c 2 d 3	15: a 3 b 1 c 2 d 4
Comunicación y afecto	16: a 4 b 3 c 1 d 2	17: a 2 b 1 c 4 d 3	18: a 1 b 4 c 2 d 3

Las escalas previas constituyen únicamente un ejercicio de diseño de los instrumentos requeridos para el trabajo psicoeducativo. Pretenden, por tanto, resaltar la necesidad de contar con este tipo de instrumentos e invitar a los interesados a trabajar en su diseño, y desde luego, en aspectos como su validez y confiabilidad.

ORGANIZANDO EL TRABAJO PSICOEDUCATIVO

Como se habrá podido advertir hasta ahora, si se dispone de un cuerpo teórico de conocimientos, una metodología sencilla, contenidos claros en las áreas de conocimientos y competencias, así como de instrumentos útiles para medir ambos componentes en sujetos a los que se desee incluir en un programa, lo que sigue es sumamente sencillo.

El trabajo puede llevarse a cabo en ámbitos en los que confluyan los portadores del trastorno y por supuesto, sus familias, de manera que pueda establecerse contacto con ellos. Los servicios especializados en psiquiatría o psicología infantil parecen idóneos, sin embargo puede ser factible trabajar con las agrupaciones de autoayuda, a las cuales concurren grupos de padres y de las que cada día surgen más en México. Este programa también puede llevarse al campo de la atención primaria en salud y aplicarse en unidades de primer nivel, en contacto directo, estrecho y constante con la comunidad.

Una vez definido el ámbito de trabajo es necesario establecer el tamaño del grupo con el que es posible trabajar, así como sus características; cabe señalar que siempre es mucho mejor si participan ambos progenitores. Las consecuencias de no contar con alguno de ellos son obvias, pero por otra parte, debe aceptarse que en ocasiones es difícil conseguir que el padre acceda a participar, por lo que debe trabajarse de manera especial en ello.

Si se considera atender a parejas es recomendable no trabajar con grupos mayores de 20 personas, ya que tanto la información como el entrenamiento requieren de la participación de cada uno de ellos. Eventualmente pueden participar otros familiares, tales como abuelos, tíos o hermanos mayores, dependiendo de la cantidad de horas al día que pasen con menor, de las responsabilidades que tengan y de las dificultades que existiesen para que el programa funcionara sin la colaboración de todos ellos. Es conveniente que se integren grupos en los que las personas tengan un nivel educativo similar para evitar desfasamientos, retrasos y deserciones.

Previo acuerdo con los integrantes del grupo, es útil elaborar un calendario que considere el número de sesiones, la duración de cada una y la frecuencia con la que se llevarán a cabo. Esto puede depender de la disponibilidad de tiempo de los padres y es importante hablarlo, para estar seguros de contar con ellos. Es recomendable programar un mínimo de 12 sesiones continuas y un máximo de 24, las cuales pueden cumplirse en un lapso de entre seis y 12 semanas si se llevan a cabo dos veces a la semana, y el doble de tiempo si se realizan un día de cada semana. Se sugiere que estas sesiones tengan una duración de 90 minutos.

Al término de este periodo, durante el cual se revisa el programa de manera completa, es muy conveniente tener sesiones de seguimiento que pueden llevarse a cabo cada dos, tres o cuatro semanas durante todo el tiempo que sea posible.

El entrenamiento en competencias es de especial importancia, por lo que, además de la exposición y revisión durante las sesiones, pueden realizarse ejercicios vivenciales y señalarse actividades para el hogar y el contacto con el paciente. Tales actividades de campo pueden registrarse mediante formatos especialmente diseñados, en los que se dé cuenta de lo que se hizo en casa, las dificultades que se presentaron y el resultado de la práctica de competencias. Hay que mencionar que este esfuerzo de retroalimentación rinde excelentes dividendos. A pesar de que las sesiones siempre deben ser impartidas y manejadas por un profesional de la salud mental, es deseable que en ocasiones se fomente la participación de los asistentes en la exposición de algún tópico o la realización de algún ejercicio.

Hasta aquí los lineamientos generales; el resto del trabajo depende de la creatividad y el entusiasmo de quien lo lleva a cabo. Como puede verse, no es posible y quizá ni siquiera es conveniente hablar de una propuesta psicoeducativa acabada para los trastornos por déficit de atención; la que se menciona en este texto únicamente busca propiciar el interés en el desarrollo de este campo. Podría existir un modelo de psicoeducación por cada trabajador de la salud dedicado a ello.

Lo que resulta verdaderamente importante es la convicción de que es necesario sustituir la culpa, la intolerancia y la hostilidad en un menor que no está en situación de hacerse responsable de lo que le sucede, con información detallada que le brinde seguridad y tranquilidad, paciencia técnicamente sustentada y el trabajo proactivo por el bienestar y el desarrollo de él y su familia. Esta es la misión esencial del trabajador de la salud mental.

Consideraciones finales

Los trastornos por déficit de atención e hipercinesia son una modalidad de discapacidad neuropsicológica de adquisición posiblemente temprana y de larga evolución, que provoca dificultades de adaptación y satisfacción personal a quien la padece. En muchos casos estas dificultades pueden prolongarse durante toda la vida.

Este tipo de trastornos constituyen un síndrome clínico fácilmente identificable en las personas afectadas, quienes además deben ser objeto de un estudio integral que permita establecer con claridad las características y magnitud de sus problemas adaptativos, así como las entidades patológicas agregadas.

No se trata de un problema circunscrito a la infancia y a la edad escolar, ni es excluyente de otros problemas. Por el contrario, parece ser un importante marcador de predisposición a diversas formas de patología mental en la niñez, la adolescencia y la edad adulta.

Las personas que sufren un trastorno por déficit de atención e hipercinesia deben ser tratadas con fármacos específicos, a los que deben agregarse otras modalidades de ayuda, entre las que destacan la terapia cognitiva, la rehabilitación conductual y las técnicas neuropsicológicas de entrenamiento de la atención.

Los trastornos por déficit de atención e hipercinesia tienen una dimensión familiar esencial, para cuyo abordaje deben emplearse los modelos psicoeducativos. El conocimiento amplio y las técnicas adecuadas en esta área están aún por desarrollarse.

Es indispensable propiciar, alentar y desarrollar investigación científica en México con el fin de ampliar el cuerpo de conocimientos y las alternativas profesionales para un problema que lamentablemente se presenta con mucha frecuencia y aún está muy poco comprendido y atendido.

Bibliografía

Abikoff, H., "An evaluation of cognitive behavior therapy for hyperactive children", en *Advances in Clinical Child Psychology*, **10**:171, 1987.

Aman, U., Khan, M. D. y Dekirmenjian, H., "Urinary excretion of catecholamines metabolites in hyperkinetic child syndrome", en *American Journal of Psychiatry*, **138**:108, 1981.

American Psychyatric Association, *Diagnostical and Statistical Manual of Mental Disorders* (**DSM-IV**) (4a. ed.), Washington.

Anton, A. H. y Greer, M., "Dextroanphetamine, catecholamines and behavior", en *Archives of Neurology*, **21**:248, 1969.

Arnold, L. E., Christopher, J., Huestis, H. y cols., "Methylphenidate *vs.* Dextroamphetamine vs Caffeine in Minimal Brain Dysfunction", en *Archives of General Psychiatry*, **35**:463, 1978.

Arnold, L. E. y Jensen, P. S., "Attention Deficit Disorder", en Kaplan H., Sadock, B. (dirs.), *Comprehensive Textbook of Psychiatry* (6a. ed.), Williams and Wilkins, Baltimore, págs. 2295-2310, 1995.

Barkley, R. A. y Murphy, K., "Differential diagnosis of adult ADHD: Some controversial issues", en *ADHD Rep.*, **1** (4):1, 1994.

Barkley, R. A., "Predicting the response of hyperkinetic children to stimulant drugs: A review", en *J. Abnormal Child Psychology*, **4**:327, 1976.

Barkley, R. A., "Attention Deficit Hyperactivity Disorder", en *A Handbook for Diagnosis and Treatment*, Gillford Press, Nueva York, **3**:673, 1990.

Barkley, R. A., Karlsson, J., Pollard, S. y cols., "Developmental changes in the mother-child interactions of hiperactive boys: Effects of two dose levels of Ritalin", en *J.Child Psychology and Psychiatry*, **26**:705, 1985.

Barkley, R. A., Murphy, K. R. y Kwasnik, D., "Motor vehicle driving competencies and risks in teen and young adults with attention deficit hiperactivity disorder", en *Pediatrics*, **98**:1 089, 1996.

Barkley, R. A., "Attention deficit/hyperactivity disorder, self regulation and time: Toward a more comprehensive theory", en *Journal of Developmental Behavior Pediatrics*, **18**:271, 1997.

Barkley, R. A., "Attention deficit hyperactivity disorder", en *Scientific American*, septiembre, 1999.

Barrickman, L., Noyes, R. y Kuperman, S., "Treatment of ADHD with fluoxetine: A preliminary trial", en *J. Am. Acad. Child Adolesc. Psychiatry*, **30**:762, 1991.

Barrowclough, C., Tarrier, N., Watts, S. y cols., "Assessing the functional value of relatives knowledge about schizophrenia: A preliminary report", en *British Journal of Psychiatry*, **151**:1, 1987.

Baumgaertel, A., Wolraich, M. L. y Dietrich, M., "Comparison of diagnostic criteria for attention deficit disorder in a German elementary school sample," en *J. Am. Acad. Child Adolesc. Psychiatry*, **34**:629, 1995.

Biederman, J., Faraone, S. B. y Milberger, S., "Is childhood oppositional defiant disorder a precursor to adolescent conduct disorder?: Findings from a four year follow up study of children with ADHD", en *J. Am. Acad. Child Adolesc. Psychiatry*, **35**:1193, 1996.

Biederman, J., Faraone, S. B., Spencer, T. y cols., "Patterns of Psychiatric comorbidity, cognition and psychosocial functioning in adults with attention deficit hyperactivity disorder", en *American Journal of Psychiatry*, **50**:1792, 1993.

Biederman, J. y Spencer, T., "Attention deficit hyperactivity disorder as a noradrenergic disorder", en *Biological Psychiatry*, **46**:1234, 1999.

Biederman, J., Mick, E. y Faraone, S., "Age dependent decline o ADHD, impact of remission definition and symptom type", en *American Journal of Psychiatry*, **157**:816, 2000.

Borcherdirng, G. B., Kaysor, C. S. y Cooper, T. B., "Differential effects of methylphenidate and dextroanphetamine on the motor activity level of hyperactive children", en *Neuropsychopharmacology*, **2**:255, 1989.

Brown, R. T., Borden, K. A., Wynne, M. E. y cols., "Methylphenidate and cognitive therapy with ADD children: A methodological reconsideration," en *J. Abnormal Child Psychology*, **14**:481, 1986.

Brown, T. E. y Gammon, G. D., *The Brown Attention-Activation Disorder Scale*, Yale University, New Haven, Conn., 1993.

Cantwell, D. P., "Psychiatric Illness in the families of hyperactive children", en *Archives of General Psychiatry*, **27**:414, 1972.

Cantwell, D. P., "Attention Deficit Disorder: A Review of the Past 10 Years", en *J. Am. Acad. Child Adolesc. Psychiatry*, **38**:8, 1996.

Cantwell, D. P., "Hyperactive children have grown up. What have we learned about what happens to them?", en *Archives of General Psychiatry*, **42**:1026, 1985.

Capute, A. J. y Niedermeyer, E. F. L., "The electroencephalogram in children with minimal brain dysfunction", en *Pediatrics*, **41**:1104, 1968.

Carey, W. B. y McDevitt, S. C., "Revision of the infant temperament questionnaire", en *Pediatrics*, **61**:735, 1978.

Castellanos, F. X., "Toward a pathophysiology of attention deficit hiperactivity disorder", en *Clinical Pediatrics*, **36**:381, 1997.

Comings, D. E. y cols., "The dopamine D2 receptor locus as a modifying gene in neuropsychiatric disorders", en *Journal of the American Medical Association*, **266**:1793, 1991.

Conners, C. K., "Recent drug studies with hyperkinetic children", en J. *Learn Disabil.*, **4**:476, 1971.

Conners, C. K., Taylor, E. y Meo, G., "Pemoline and Dextroanphetamine: A controlled study in children with MBD", en *Psychopharmacology*, **26**:321, 1972.

Conners, C. K., "Rating Scales-Revised", en *Technical Manual*, Multi-Health Systems Inc (MHS), 1997.

Conners, C. K., "A teacher rating scale for the use in drug studies with children", en *American Journal of Psychiatry*, **126**:884, 1969.

Connor D., Fletcher, K. y Swanson, J., "A meta-analysis of clonidine for symptoms of attention deficit hyperactivity disorders", en *J. Am. Acad. Child Adolesc. Psychiatry*, **38**:12, 1999.

Cooper, J. R., Bloom, F. E. y Roth, R. H., *The biochemical basis of neuropharmacology* (6a. ed.), Oxford University Press, 1991.

De la Peña F., Patiño M., Mendizábal, A. y cols.,"La entrevista semiestructurada para adolescentes (ESA). Características del instrumento y estudio de confiabilidad interevaluador y temporal", en *Salud Mental*, **21** (6):11, 1998.

Dubey, D. R. y Kaufman, K. F., "Home management of hyperkinetic children", en *The Journal of Pediatrics*, **93**:141, 1978.

Dykman, R. A., McGrew, J. y Harris, T. S., "Two blinded studies of the effects of stimulant drugs on children: Pemoline, methylphenidate and placebo", en *Learning Disability/Minimal Brain Dysfunction Syndrome*, Springfield Ill., Charles C. Thomas Publisher, pág. 217, 1976.

Elia, J., "Stimulants and Antidepressants pharmacokinetics in hyperactive children", en *Psychopharmacology Bulletin*, **27**:411, 1991.

Elia, J. "Drug Treatment for hyperactive children. Therapeutic guideliness", en *Drugs*, **46**:863, 1993.

Emslie, G., Walkup J., Pliszka S. y cols., "Nontricyclic antidepressants: current trends in children and adolescents", en *J. Am. Acad. Child Adolesc., Psychiatry*, **38**:5, 1999.

Ernst, M., Zametkin, A. J., Phillips, R. L. y cols., "Age related changes in brain glucose metabolism in adults with attention deficit hyperactivity disorder and control subjects", en *J. Neuropsychiatry Clin. Neurosci.*, **10**:168, 1998.

Fallon, R. y Pederson, J., "A family management in the prevention of exacerbation of schizophrenia: A controlled study", en *New England Journal of Medicine*, 306, 1982.

Fallon, R. y Pederson, J., "Family management in the prevention of morbidity for schizophrenia: The adjustment", en *British Journal of Psychiatry*, **147**:156, 1985.

Faraone, S. V. y Biederman, J., "Is attention deficit hyperactivity disorder familial?", en *Harvard Rev. Psychiatry*, **1**:271, 1994.

Faraone, S. V. y Biederman, J., "Genetics of attention deficit hyperactivity disorder", en *Child and Adolesc. Clinics of North America*, **2**:285, 1994.

Faraone, S. V., Biederman, J. y Milberger, S., "An exploratory study of ADHD among second-degree relatives of ADHD children", en *Biological Psychiatry*, **35**:398, 1994.

Faraone, S. V. y Biederman, J., "Neurobiology of attention deficit hyperactivity disorder", en *Biological Psychiatry*, **44**:951, 1998.

Faraone, S. V., "Genectis con attention deficit hyperactivity disorder", en *International Journal of Neuropsychopharmacology*, **3 (supl. 1)**:S61, abstract, 2000.

Fish, B., "The one child, one drug myth of stimulants in hyperkinesis", en *Archives of General Psychiatry*, **25**:193, 1971.

Giedd, J. N., Castellanos F. X., Korzuch, P. y cols., "Quantitative Morphology of the Corpus Callosum in ADHD", en *Am. J. of Psychiatry*, **151**:665, 1994.

Gillis, J., Gilger, J., Rennington, B. y DeFries, J., "Attention deficit disorder in reading-disabled twins: Evidence for genetic etiology", en *Journal of Abnormal Child Psychology*, **20**:303, 1992.

Gittelman, R., "The normalizing effects of methylphenidate on the classroom behavior of ADDH children", en *J. Abnormal Child Psychology*, **13**:33, 1985.

Giros, B., Jaber, M., Jones, S. R. y cols., "Hyperlocomotion and indifference to cocaine and amphetamine in mice lacking to dopamine transporter", en *Nature*, **379**:606, 1996.

Hechtman, L., "Aims and methodological problems in multimodal treatment studies", en *Can. J. Psychiatry*, **38**:458, 1993.

Hendren, R., DeBacker, E. y Pandina, G., "Review of neuroimaging studies of child and adolescent psychiatric disorders from the past 10 years", en *J. Am. Acad. Child Adolesc. Psychiatry*, **39**:7, 2000.

Hill, J. C. y Schoener, E. P., "Age-dependent decline of attention deficit hyperactivity disorder", en *American Journal of Psychiatry*, **153**:1143, 1996.

Hogarty, G. E., Anderson, C. M. y Reiss, D. J., "Family psychoeducation, social skills training and maintenance chemotherapy in the aftercare treatment of schizophrenia: Two year effect of a controlled study on relapse and family interventions for schizophrenia", en *British Journal of Psychiatry*, **152**:432, 1991.

Hyde, A. P. y Goldman, Ch. R., "Common family issues that interfere with the treatment and rehabilitation of people with schizophrenia", en *Psychosocial Rehabilitation Journal*, **16 (4)**:63, 1974.

Jacobvitz, D., Sroufe, L. A., Stewart, M. y cols., "Treatment of attention and hyperactivity problems in children with sympathicomimetic drugs: A comprehensive review", en *J. Am. Acad. Child Adolesc. Psychiatry*, **29**:5, 1990.

Janzen, T., Graap, K., Stephanson, S. y cols., "Differences in baseline EEG measures for ADD and normally achieving preadolescent males", en *Biofedback and Sel Regulation*, **20**:65, 1993.

Khan, A. U. y Dekirmejian, H., "Urinary excretion of catecholamine metabolites in hyperkinetic child syndrome", en *American Journal of Psychiatry*, **138**:108, 1981.

Laufer, M. W., "Long term management and some follow-up findings on the use of drugs with minimal cerebral syndromes", en *J. Learn Disabil.*, **4**:518, 1971.

LaHoste, G. J., Swanson, J. M., Wigal, S. B. y cols., "Dopamine D4 receptor gene polymorphism is associated with attention deficit hyperactivity disorder", en *Molecular Psychiatry*, **1**:121, 1996.

Leff, J., Berkowitz, R., Shavit, N. y cols., "A trail of family therapy versus relatives' group of schizophrenia", en *British Journal of Psychiatry*, **157**:571, 1990.

Leff, J., Kuipers, L., Berkowitz, R. y cols., "A controlled trial of social intervention in the families of schizophrenic patients: Two year follow-up", en *British Journal of Psychiatry*, **145**:594, 1985.

MacDonald, V. M. y Achenbach, T. M., "Attention problems versus conduct problems as six- year predictors of problem scores in a national sample", en *J. Am. Acad. Child Adolesc. Psychiatry*, **35**:1237, 1996.

Mann, C. A., Lubar, J. F., Zimmerman, A. W. y cols., "Quantitative analysis of EEG in boys with ADHD: Controlled study with clinical implications", en *Pediatric Neurology*, **8**:30, 1991.

Mann, H. B. y Greenspan, S. I., "The identification and treatment of adult brain dysfunction", en *American Journal of Psychiatry*, **133**:1013, 1976.

Mannuzza, S., Klein, R. G., Bessle, A. y cols. "Adult outcome of hyperactive boys: Educational achievement, occupational rank and psychiatric status", en *Archives of General Psychiatry*, **50**:565, 1993.

Mercugliano, M., "What is attention deficit hyperactivity disorder?", en *Pediatric Clinics of North America*, **46**:831, 1999.

Nicolini, H., *Bases genéticas de la mente* (1a. ed.), Publicaciones del Instituto Mexicano de Psiquiatría, págs. 113-115, 1999.

Oades, R. D., "Frontal, temporal and lateralized brain function in children with attention deficit hyperactivity disorder: A psychophysiological and neuropsychological viewpoint on development", en *Behav. Brain Res.*, **94**:83, 1998.

Olvera, R., Pliszka, S., Luh, J. y cols., "An open trial of venlafaxine in the treatment of attention deficit hyperactivity disorder in children and adolescents", en *J. Child Adolesc. Psychopharmacology*, **6**:4, 1996.

O´Neal, P. y Robins, L. N., "The relation of childhood behavior problems to adult psychiatric status: A 30 year follow-up study of 150 subjects", en *American Journal of Psychiatry*, 961, 1958.

Organización Mundial de la Salud, *Décima Revisión de la Clasificación Internacional de Enfermedades, Trastornos Mentales y del Comportamiento*, Editorial Meditor, 1992.

Richters, J. E., Arnold, L. E., Jensen, P. S. y cols., "A NIMH collaborative multisite multimodal treatment study of children with ADHD: I. back ground and rationale", en *Journal of American Academic Child and Adolescent Psychiatry*, **34**:987, 1995.

Safer, D., Allen, R. y Barr, E., "Depression on Growth in Hyperactive Children on Stimulant Drugs", en *The New England Journal of Medicine*, **287**:217, 1972.

Safer, D. J., Zito, J. M. y Fine, E. M., "Increased methylphenidate usage for attention deficit disorder in the 1990s", en *Pediatrics*, **98**:1084, 1996.

Salin, R. J., *Bases bioquímicas y farmacológicas de la neuropsiquiatría* (4a. ed.), McGraw Hill-Interamericana, 1997.

Satterfield, J. H., Hoppe, C. M. y Schell, A. M., "A perspective study of delinquency in 110 adolescent boys with attention deficit disorder and 88 normal adolescent boys", en *American Journal of Psychiatry*, **139**:795, 1982.

Satterfield, J. H., Satterfield, B.T. y Cantwell, D. P., "Three year multi-modality treatment study of 100 hyperactive boys," en *Journal of Pediatrics*, **98**:650, 1981

Satterfield, J. H. y Schell, A. M., "Childhood brain function differences in delinquent and non-delinquent hyperactive boys", en *Electroencephalogr. Clin. Neurophysiol.*, **57**:199, 1984.

Shaywitz, S. E., Cohen, D. J. y Shaywitz, B. A., "The biochemical basis of minimal brain dysfunction", en *The Journal of Pediatrics*, **92**:179, 1978.

Shaywitz, B. A., Cohen, D. J. y Bowers, M. B., "CSF amine metabolism in children with minimal brain dysfunction: Evidence for alteration of brain dopamina", en *Pediatric Research*, **9**:385, 1975.

Shekim, W. O., "Adult attention deficit hyperactivity disorder, residual state", en *CHADDER Newsletter*, primavera-verano, 16, 1990.

Shekim, W. O., Dekirmenijan, H. y Chapel, J. L., "Urinary Excretion of MHPG in the hyperkinetic child syndrome and the effects of d-amphetamine", en *Psychopharmacol. Bull.*, **14**:42, 1978.

Sherman, D. K., Mcgue, M. K. y Iacono, W. G., "Twins concordance for attention deficit hyperactivity disorder: a comparison of teachers and mothers reports", en *American Journal of Psychiatry*, **154**:532, 1997.

Shetty, T., "Central monoamines and hyperkinesis of children", en *Nature*, **241**:534, 1976.

Shetty, T., Chase, T. N., "Central monoamines and hyperkinesis of childhood", en *Neurology*, **26**:1000, 1976.

Simpson, L. L., "The effect of behavioral stimulant doses of amphetamine on blood pressure", *Archives of General Psychiatry*, **33**:691, 1976.

Small, G. G., Milstein, V. y Jay, S., "Clinical EEG studies of short and long term stimulant drug therapy of hyperkinetic children", en *Clin. Electroencephalogr*, **9**:186, 1978.

Smalley, S. L., "Behavioral genetics' 97 genetic influences in childhood onset psychiatric disorders: Autism and attention deficit hyperactivity disorder", en *Am. Journal of Human Genetics*, **60**:1276, 1997.

Sprague, R. L. y Sleator, E. K., "Methylphenidate in hyperkinetic children: differences in dose effects on learning and social behavior", en *Science*, **198**:1274, 1977.

Sprague, R. L. y Sleator, E. K., "Drugs and dosages: Implications for learning disabilities", en *The Neuropsychology of Learning Disorders*, Baltimore University Park Press, pp. 351-366, 1976.

Stevens, J. R., Sachdev, K. y Milstein, V., "Behavior Disorders of Childhood and the Electroencephalogram", en *Archives of Neurology*, **18**:160, 1968.

Tarrier, N., Barrowclough, Ch., Porceddu, K. y cols., "The Saldford family intervention project : Relapse rates of schizophrenia at five and eight years", en *British Journal of Psychiatry*, 165, 1994.

Thapar, A., Holmes, J., Poulton, K. y cols., "Genetic basis of attention deficit and hyperactivity", en *British Journal of Psychiatry*, **174**:105, 1999.

Weiner, N. y Molinoff, P. B., "Catecholamines", en *Basic Neurochemistry* (4a. ed.), Raven Press, págs. 233-251, 1989.

Weiss, G., Hechtman, L., Milroy, T. y cols., "Psychiatric status of hiperactives as adults: A controlled prospective fifteen years follow up of 63 hyperactive children", en *J. Am. Acad. Child Psychiatry*, **23**: 211, 1985

Weiss, G. y Hechtman, L., "Hyperactive Children Grown Up", en Guilford Press, Nueva York, 1986.

Weiss, G., Minde, K., Werry, J. y cols., "Studies on the hyperactive child VII: Five year follow up", en *Archives of General Psychiatry*, **24**:409, 1971

Welsh, M. C. y Pennington, B. F., "Assessing frontal lob functioning in children: views from developmental psychology", en *Developmental Neuropsychology*, **4**:199, 1988.

Wender, P .H., Reimherr, F. W. y Wood, D. R., "Attention deficit disorder (Minimal Brain Dysfunction) in adults", en *Archives of General Psychiatry*, **38**:449, 1981.

Wender, P., *Attention deficit disorder in adults*, Oxford Press, Nueva York, NY, 1994.

Wood, D. R., Reimherr, F. W. y Wender, P. H., "Diagnosis and treatment of minimal brain dysfunction in adults: A preliminary report", en *Archives of General Psychiatry*, **33**:1453, 1976.

Zametkin, A. J., "Brain metabolism in teenagers with attention deficit hyperactivity disorder", en *Archives of General Psychiatry*, **50**:333, 1993.

Zametkin, A. J., Nordahl, T. E., Gross, M. y cols., "Cerebral glucose metabolism in adults with hyperactivity of childhood onset", en *New England Journal of Medicine*, **323**:1361, 1990.

Zametkin, A. J., Rapoport, J. L. y Murphy, D. L., "Treatment of hyperactive children with monoamine oxidase inhibitors", en *Archives of General Psychiatry*, **42**:962, 1986.

Zametkin, A. J. y Liotta, W., "The neurobiology of attention deficit hyperactivity disorder", en *Journal of Clinical Psychiatry*, **59**:17, 1998.

Índice onomástico

Índice analítico